100年先も大切にしたい日本の伝えばなし

神仏が教えてくれる、幸運を引き寄せる心の持ちよう

Sakurai Shikiko
桜井識子

KADOKAWA

はじめに

この本を手に取っていただき、ありがとうございます。

神社やお寺には必ずと言っていいほど「由緒」があります。祀られているのはどのような神仏なのか、社殿やお堂はいつ創建されたのか、お寺だったら開基は誰なのか、などの情報が、事務的に書かれたものから、壮大なストーリーになっているものまであります。

古代から伝わる伝説も、さまざまな物語が日本のあちこちに散らばっています。話が飛躍しすぎているものも中にはありますが、本当にあったのかもしれない、と確かめてみたくなる伝説も少なくありません。

本書はこのような由緒や伝説を検証した1冊です。

たとえば、泉にお酒が湧いたという養老の滝の伝説は有名ですね。お酒が湧くという発想はなかなかできないように思うので、そこには何か特別な出来事があったのかもしれないと、興味を引かれます。

鬼がいたという伝説が多くある地域には、昔は本当に鬼がいたのだろうか？

住処《すみか》を奪われたキツネが仕返しをしにお寺に行って、そこでお坊さんの説法を聞き、改心したため、稲荷として祀られたというのは、どこまでが本当なのだろうか？

大きなホラ貝に糸を通せるか？　と言われて、神様が蟻を使って見事に糸を通したという伝説は、本当にあったことなのだろうか？

美しさを永遠に保ちたいからと、泉の水を飲んで龍になった女性の伝説や、丑《うし》の刻参《こくまい》りのモデルとなった神様がいるというのも、そのお話はどこまでが事実？　まったくの創作？　と知りたくなります。

そこで、気になったところに行ってみました。すると、意外なことに、由緒や伝説に近いことが過去にあった、というケースが多かったのです。面白いですね。

本書は、神社仏閣の境内の説明やごりやくの紹介だけではありません。由緒や伝説に関する神仏に聞いた事実や、真の神仏のお姿などを書いています。

事実を知ることは神仏を深く知ることにもなります。もとが人間の神様だったら、生前のエピソードを知ることで神様がより身近に感じられますし、今よりもっと信仰が深まります。神様との距離がない親密な信仰を得られるのです。

「由緒が面白いので来ました」と言うと、歓迎してくれる神仏もいるので、ここに書いてある寺社だけでなく、興味ある由緒を自分で探して行くのもいいと思います。

本書がきっかけとなって、違った角度から、皆様にもっと参拝を楽しんでいただけたら、大変嬉しく思います。

桜井識子

目次

はじめに　1

第1章　東日本編

帯廣神社（北海道）
入植者の心を支えた神社の由来　14
神様が生前に髪の毛を伸ばしていた理由　15
神様が教えてくれた「死期を知る」意味とは？　20

積丹半島 黄金岬（北海道）
3つの悲しい伝説　26
パワーある入江と精霊たちが集う開運の島　28
精霊が与えてくれる癒やしとは　30

鬼神社（青森）

鬼を神様として敬う鬼神伝説 34

鬼の神様は赤鬼・パンツ姿 35

信仰する人を大事にする神様 39

「鬼の腰掛け柏」にも行ってみました 44

見入山観音堂（青森）

ハードな山登りの参道 46

見る角度によって顔が違う不動明王 47

他の寺社では叶わなくてもここなら叶うかも!? 49

御座石神社（秋田）

龍に化身し湖の主になった、たつこ姫伝説 55

田沢湖には本当に龍がいた 59

三ツ石神社（岩手）

「岩手」という地名の由来になった鬼伝説 62

悪気のない可愛いイタズラが鬼伝説となったわけ 65
神様が教えてくれた大きな修行とは 68

盛岡八幡宮（岩手）
浄化作用があるまっさらな土地の境内 74
厄を閉じ込めてくれるひょうたん 77
テーマパークのような境内社めぐり 82

櫻山神社（岩手）
南部家の4柱と吉兆のシンボル烏帽子岩 89
アットホームな雰囲気の神様方 91

白虎隊（福島）
白虎隊士が選んだ自刃と当時の事情 97
武士の鑑である少年たち 104
最後の隊士が墓場まで持っていったもの 110

義経社（富山）

源義経が雨宿りをした義経岩 115
岩と海の強力なパワーが蓄積された「海の神殿」 118

氣多大社（石川）

どっちに進むか迷う「おかえりの道」 122
話すことで気づいた本当の願い 127
グチも続けていると解決することもある 130
聞き上手な太玉の神様 132
ご神気は自分で持ち帰るシステム 134

養老の滝（岐阜）

孝行息子にもたらされたお酒が湧く泉の伝説 139
狛岩がある強力なパワースポット 141
神様が語ってくれた養老の滝の真実とは…… 145

第2章 西日本編

多度大社（三重）

多度山に古くから伝わる白馬伝説 154

神馬が白いのはなぜ？ 157

天を駆けめぐる白馬の神様には立身出世の願掛け 159

阿賀神社〈太郎坊宮〉（滋賀）

巨大な夫婦岩の驚くべき作用 163

リラックススポットでひと休み 168

橋姫神社（京都）

丑の刻参りのモデルとなった橋姫伝説 171

十二単を着た少女のような神様 174

応援を喜んでくれる神様 178

知恩院（京都）

住処を追われたキツネの伝説 182
お稲荷さんって変身するの!? 184
事実が織り込まれていた由緒 188

蟻通神社（和歌山）

国のピンチを救った蟻通しの神様 192
神がかっているアイデアの真相とは 194
神様は本殿ではなく、境内社でリラックスしている 196

闘雞神社（和歌山）

熊野三山の神様が揃う新熊野権現 198
甲冑を着て現れたのは、明るくて面倒見がいい神様 200

稲生神社（広島）

勇敢な稲生武太夫の妖怪伝説 206
怒りを秘めたお稲荷さんはパワーが強い 209

國前寺（広島）

稲生武太夫さんに会える供養塔 214
「魔」を倒したい人には個別指導をしてくれる仏様 216

鰐淵寺（島根）

摩多羅神さんを祀る特別な神社 220
摩多羅神さんとは？ 223
中国の変幻自在な龍神 226
驚異のパワースポット 230

大山祇神社（愛媛）

超古代からいる神様 235
「わかる能力」をレベルアップする安神山 238
村上水軍が強かったわけ 243

高祖神社（福岡）

古代の優秀なシャーマンだった高礒比咩　249
怨霊になったのもわかるという事情　254
あたたかい信仰のおかげで怨霊から脱出できた高礒比咩　257

與止日女神社（佐賀）

若い姿と高齢の姿を使い分ける神様　262
もっと頭を使え！　というアドバイス　264
村ばあちゃんのありがたい教え　268

八幡竈門神社（大分）

鬼が忘れた石草履伝説　273
癒やし専門の神社でご神木の胎内に入るごりやく　276

おわりに　283

ブックデザイン／原田恵都子（Harada+Harada）　イラストレーション／高安恭ノ介
校正／鷗来堂　DTP／佐藤史子　編集／仁岸志保

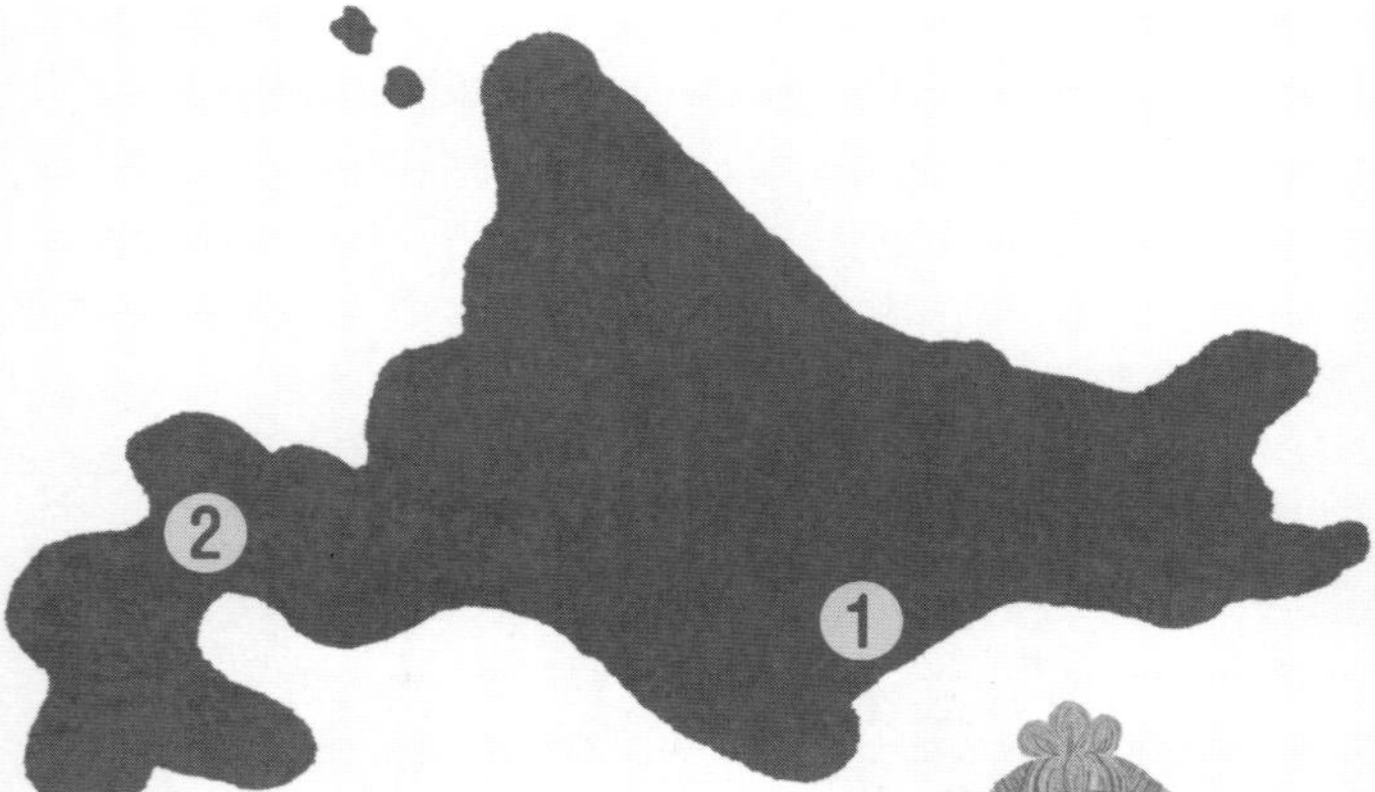

第1章 東日本編

1 帯廣神社（北海道）
2 積丹半島 黄金岬（北海道）
3 鬼神社（青森）
4 見入山観音堂（青森）
5 御座石神社（秋田）
6 三ツ石神社（岩手）
7 盛岡八幡宮（岩手）

8 櫻山神社（岩手）
9 白虎隊（福島）
10 義経社（富山）
11 氣多大社（石川）
12 養老の滝（岐阜）

帯《おび》廣《ひろ》神社（北海道）

●入植者の心を支えた神社の由来

北海道神社庁のサイトに載っている帯廣神社の由緒です（このあともいくつか引用している文章が出てきますが、読みやすいように改行したり、文頭にスペースを入れたりしています）。

【明治16年、静岡県松崎出身の依田勉三らが晩成社を組織してオベリベリ（帯広）に入植し、同18年より祭礼（天王祭）を営んだのが帯廣神社の創祀である。

明治42年に社殿造営の議起り、町内会議の上で現在地に新たに神社を創立することを決定した。翌明治43年に仮殿を造営し、同年9月24日、札幌神社（現在の北海道神宮）より御霊代を鎮斎、爾来当社例祭日を9月24日とした。（以下省略）】

入植した人たちが信仰していた神様の小さなお社が最初にあったようです。のちに「新たに神社を造ろう！」となり、それで北海道神宮から勧請をして祀った、というのが正式な由緒のようです。

●神様が生前に髪の毛を伸ばしていた理由

境内に入ったら、すぐに高齢のおじいさん姿の神様が出てこられました。腰が曲がっていて、後ろ手に腰に手を乗せているポーズで、会話を交わす前からニッコニコの笑顔です。ウェルカムな雰囲気全開であり、福々しいオーラを放っています。

「とりあえず、拝殿でご挨拶をします」

そう言うと、よいよい、というふうに手を振っていましたが、失礼があってはいけないので、拝殿で祝詞を唱えて自己紹介をしました。

ここの神様はもとが人間です。亡くなったのは72歳だと、ご本人が言っていました。

髪の毛を頭の上で結んでいます。真っ白の白髪ではなく、黒い髪がところどころにあるグレーヘアです。

気さくな神様の雰囲気が漂う明るい拝殿

その長い髪をサザエさんみたいに、頭上で3つのお団子状にふくらませて結んでいるのです。後ろの毛は長く、背中のところでもくくっています。

不思議な髪型ですが、超古代の人間だった神様がこのへアスタイルにしているのをたまに見かけます。何か意味があるのかもしれませんし、もしかしたら流行りだったのかもしれません。

「神様は北海道神宮からこちらに来られたのですか?」

「そうだ」

そこは由緒通りです。

「北海道神宮の神様の眷属《けんぞく》だった、ってことでよろしいのでしょうか?」

「うむ。下で働いていた」

あの神様の下で働いていたのか～、と親近感が湧きます。

北海道神宮のご祭神はひげもじゃの男性姿で、宮中から来られています。誰かが北方の守りに行かなければいけない、となった時に、「誰が行く?」と宮中にいる神々は会議をしました。そこで北海道神宮の神様が「ワシが行こう!」と立候補したのです。積極的で、前向きな神様です(詳細は2017年7月3日のブログに書いています)。

見た目がいかついので、お酒をガブガブ飲み、戦に強く、みんなワシについて来い！という武将タイプの神様に見えます。でも実際は、ありえないほど気さくで、フレンドリーなのです。

私と一緒に祈祷を受けていた、お宮参りの赤ちゃんが泣くと、「お〜、よしよし」「どーした？　どーした？」と、赤ちゃんのそばに行ってあやしていました。人情味あふれる素敵な神様です。

帯廣神社の神様は明治43年に勧請されていますから、北海道神宮にいる神様の最初の眷属だったのかもしれません。今は眷属から神様になっていて、自分の眷属を持っています。

「あの？　神様？」

「ん？」

「その髪型ですが、人間だった時のヘアスタイルですよね？　どうして髪の毛を伸ばしていたのですか？」

神様によると、長い髪は霊能力をパワーアップさせるそうです。

「あ、それ！　私も思ったことがあります！　その検証をするために、若い頃に髪の毛を伸ばしてみました。でも、幽霊ばかり見るようになったので、結局切りました」

「能力はうまく調整しなければいかん」

霊能力のある人が髪の毛を伸ばすと、霊感のアンテナをたくさん立てた状態になるそうです。あっちからもこっちからも、そのアンテナを通して霊的な情報が入ってきます。コントロールをしっかりしなければ、よくないほうの情報もどんどん入ってくるというわけです。

その当時の私はまったくコントロールができませんでした。それで幽霊関係の情報ばかり拾っていたようです。

生前の神様は私と違って、キチンとコントロールができていました。

「髪を伸ばして、霊能力をパワーアップさせ、神様と交信していたのですか？」

神様が生きていた時代は超古代です。年齢や雰囲気からして、どうやら集落の長老だったようです。長老がみずから神様の声を聞き、それをみんなに伝えていたのだろうか？と思いました。

私の質問に対する答えは予想外のものでした。

神様が生きていた時代、その地域には「神様を敬う」という信仰がなかったそうです。

というか、そもそも「神様」という概念すらなかったと言います。

「へぇ〜、そういう地域があったのですね。あれ？　では、なんのために霊能力をパワーアップさせていたのでしょう？」

「未来を見るためだ」

「え！　霊能力で未来を見ていたのですか！　すごいですね！」

霊能力をうまくパワーアップさせたら、未来を見ることができるそうです。神様は髪を伸ばし続けることで持っていたその能力を高め、正確に未来を見ていました。

「未来の、何を見ていたのですか？　あ、わかりました！　作物がちゃんと収穫できるかどうか、豊作かどうか、そういうことですね？」

「うむ、それもあるが……」

それよりももっと大事なことがある、と神様は続けます。

それは自分の集落の人々の寿命を見る、知ることだと言うのです。寿命がいつ来るのか、その人の人生がどこで終わるのか、つまり、いつ死ぬのかを知る予知に使っていたそうです。

「人の死期を知って、その情報をどうなさっていたのですか？」

「本人に伝えていた」

「えぇーっ！　自分の死期を予言されたら、ショックを受けるのではありませんか？」

なんだか衝撃的なお話です。余命何年と告げられたら、生きる気力を失うように思います。あと少ししか生きられないとなると、投げやりになったり、自暴自棄になったりした人がいたのでは？　と思いました。

●神様が教えてくれた「死期を知る」意味とは？

神様のお話によると、当時は、現代とは「死」のとらえ方が違っていたそうです。死ぬのは食事をするのと同じような感じで、怖いことではなかったのです。「死」は自分という存在が消滅するのではなく、あちらの世界に行く、見えない世界に帰るのだと、誰もが正しく理解をしていました。

自分の存在の形態が変わる（見えなくなる）だけで、消えるわけではない、と認識していたのです。ですから、死期を知るのは、肉体を持った時間があとどれくらい残っているのかを把握することになります。

死んでも自分はそこにいるのですが、肉体はありません。肉体がなければできないこともあるわけです。感謝や思いを言葉にして伝えることができなくなりますし、何かを手伝ったり、みんなのために働いたりすることもできません。死んでしまったら、できることが極端に減ることがわかっているので、死期を知ると残りの時間を無駄にしなくなります。時間を大事にするのです。

人間は、死ぬのがずいぶん先だと思うから、怠けたり、ダラダラ生きたりするそうです。残りの時間がわずかだと知ると、ケンカなどもまったくしなくなります。イライラしたり、腹が立った相手に感情をぶつけたりとか、そういうこともしなくなるのです。あと少ししか時間がないのに、ケンカをしてイヤな気持ちになるなど、そんなもったいないことはできない、と考えるわけですね。

死期を知ってから亡くなるまでの人生は、平和で穏やかな満ち足りたものとなり、人も自分も大切にするのです。

寿命を知るのは悪いことではない、と神様は言います。

人生が残り数年しかないと知ることは、本人以外にもよい効果があります。まわりの人たちも、「この人はあと2年だな、あの人はあと5年しかない」と知ることで、その人をもっと大事にするからです。腹が立っても怒ったりしなくなるそうです。

お互いが優しく親切になるのですが、残りの時間が短くなっていけばいくほど、相手をより思いやるようになるし、感謝の念も深く、大きくなるというわけです。

「いいことばかりだぞ?」

なるほど、死生観がしっかりしていれば、死期を教えてもらうことは、もしかしたらとてもいいことなのかもしれない、と思いました。

「でも、神様。亡くなるのが5年先とかだったら、穏やかに受け入れることができそうですが、たとえば、残りあと1ヶ月という時にわかったら、たったそれだけ? とショックを受けるように思います。そこはどうなのでしょうか?」

その人ひとりだけに告げるのであればそうかもしれない、と神様は言います。けれど、集落の人全員に死期を告げる風習なのです。

誰もが幼い頃から、祖父母や両親、集落の人が「あと何年」「あと何ヶ月」と告げられて、穏やかに亡くなっていくのを見てきています。

死期を告げられた人はそれまで以上に、家族や集落の人を大事にし、感謝をし、平和で満ち足りた人生を送ってきました。それを数えきれないほど見ているので、自分に告げられた残り時間がたとえ数日でも、ショックを受ける人はいないそうです。

死ぬことを正しく理解していたら、従容として死につくのだな、と勉強になりました。

神様は予知能力を高めるために、髪の毛を伸ばしていましたが、修行もちゃんとしていました。その集落には、予知能力を持った人間は神様しかいなかったそうです。

「神様のように、自分でもわかるようになりたい、という人はいなかったのですか？」

「いた」

神様のまねをして、髪の毛を伸ばす人が何人もいたそうです。しかし、時代は大昔です。洗髪が大変です。洗わずにいると髪はベタベタになり、くさいし、猛烈に痒いし……で、みんな挫折していったそうです。

原稿の締め切り前に2、3日入浴しないことがある私は、うわー、そこ、わかる〜、と思いました。

「神様は丁寧に洗っていらしたのですね」

そう言うと、微妙な表情で笑っていました。どうやら、神様の髪もくさくて、頭皮は痒かったようです（笑）。

「願掛けはなんでもオーケーと書いてもいいですか？」

「書け、書け」

「多くの人が来るかもしれません」

「うむ。そうか」

「識子さんの本を読んで来ました、という人には幸運を授けて下さいね」

神様は、頑張ろう、と笑顔で言ってくれました。もしも、手が足りなくなったら、北海道神宮の眷属に手伝ってもらうそうです。

首をかしげたようなポーズが可愛いシマエナガのおみくじ容器

帯廣神社はおみくじが超・超・超可愛いです。シマエナガという鳥がモデルなのですが、おみくじ容器が「きゃ〜♪」というほどキュートです。おすすめです。
絵馬もありますが、こちらは目や鼻がシールになっており、自分で貼るタイプですから、うまく貼れれば可愛いのですが、失敗すると「ううう」となります。
境内には待合所があって、無料でのお茶の提供がありました。私が行った時は、ホットとアイスの麦茶、ホットとアイスの緑茶、水があったので、親切な神社のおもてなしに感謝しつつ、ありがたくホットの緑茶をいただきました。待合所には椅子がありましたし、そこで絵馬も描けるようになっていました。

帯廣神社…北海道帯広市東3条南2丁目1番地

積丹《しゃこたん》半島 黄金岬（北海道）

●3つの悲しい伝説

積丹観光協会のサイト『どっこい積丹』に、積丹の海に関する伝説が3つ書かれているのでご紹介します。

【チャシナ伝説

宝島にまつわる悲恋の物語

昔々、密かに愛し合う2人の若者がいた。乙女は首長の娘チャシナ。しかし、父である首長に知られ、怒りを買った若者は捕らわれの身に。

その年、海に魔物が現れて鰊《にしん》がまったく獲れなくなり、首長は退治した者を娘の婿として迎えるとの触れを出した。

何人もが命を落とすなか、若者は夢のお告げに従って見事魔物を退治したが、首長に約束を守るつもりがないことを知ったチャシナは、あの世で若者と結ばれようと海に身を投じ、若者も後を追った。

すると、若者の被っていた兜が岩となり、鰊の大群が押し寄せた。その岩が宝島だといわれている。

チャレンカ伝説

女人禁制の神威岬に義経の伝説

義経に強く思いを寄せる首長の娘チャレンカ。しかし義経は大陸へ向かって旅立ってしまう。チャレンカはその後を追い、神威岬までたどり着くも義経の船は沖の彼方へ。悲しみにくれたチャレンカは、「和人の船、婦女を乗せてここを過ぐればすなわち覆沈せん」と恨みの言葉を残し海に身を投げてしまった。

悲しみと恨みを抱いたチャレンカの身体は神威岩と化し、以来、その周辺に女性を乗せた船が近づくと必ず転覆したことから、神威岬は女人禁制の地に。この決まりは明治時代初期まで続くこととなった。

シララ伝説

源頼朝に追われた源義経の一行は、奥州から逃れて蝦夷地・入舸に辿り着きました。そして、義経はこの地に住む首長の娘シララと恋に落ちました。
しかし、大陸への野望を抑えきれなかった義経は、満月の晩、家来とともに密かに船出してしまい、それを知ったシララは、絶壁の上から遠のく船を見つめて泣き叫びました。立ちつくす乙女シララは岩になり、それが女郎子岩だといわれています。】
なんとも悲しい伝説ばかりの積丹半島ですが、本当にそんなに悲しい場所なのか？　ということで行ってみました。

●パワーある入江と精霊たちが集う開運の島

観光案内所の駐車場に車を停めて、黄金岬まで歩きます。展望台まで15分くらいだったように思います。若干坂道になっていて、ラクにスタスタ歩ける道ではありませんが、登っている途中に、入江を見下ろせる場所が何ヶ所かありました。

海には、海岸線から少し離れたところに、石塔のような、オブジェのような大きな岩が海中から顔を出していました。とても神聖な岩で、角度によっては台座があってその上に大きな岩を載せているようにも見えます。

展望台へ行く途中から見た入江の風景

台座っぽい部分と、上に載っている大きな部分との境目には溝があり、しめ縄を張れるようになっていました。いかにも「しめ縄用ですよ～」と主張しているような溝なのです。もしかしたら、大昔はそうしていたのかもしれません。

この岩には海の神様がたまに宿っています。岩の周辺がパワースポットなのです。そばに行って、台座部分に座って手を合わせたい、と思わずにはいられない、海の神様をストレートに感じられる参拝場所です。

他にも天に向かって鋭く尖った岩もあり、この入江は何気にすごいな、と思いながら展望台へと行きました。

岬の先端には祠やお社はなく、小ぶりの展望台があるだけです。

正面には「開運の島：宝島」という小さな島があって、この島は上空から見るとハートの形をしているそうです。島にパワーはあるのですが、一般的なパワースポットのパワーではありません。

人工的に作ったのではない、自然が形成したハート形になっているところには、精霊が集まっています。ハート形の岩や石、島もそうです。つまり、この島は精霊がたくさんいる島なのです。ですから、精霊のパワーというか、癒やしのエネルギーが満ちています。

●精霊が与えてくれる癒やしとは

精霊のパワーが一番わかりやすかったのは、アメリカのグランドキャニオンでした。「ブライト・エンジェル・トレイル」という、谷底まで降りていく道から見えるところに、ハート形の石があったのです（非常に高くて狭い崖の上にありました）。

そこでは精霊が癒やしの笛を吹いていました。癒やしの笛のメロディは、意外なことにまったく聞こえません。でも笛が始まると、それまでゼーゼーハーハーと息も絶え絶

黄金岬にある開運の島「宝島」の説明板

え、足もだるくて重たかった体が、急にフッと軽くなって、一瞬で息がすっきり整いました。体の隅々まで回復して、平常よりも軽くて元気な体になったのです。

そこからは疲労から解放されて、ラクに登ることができました。あの笛のメロディは病気も軽く治すのでは？というくらい力がありました。

この宝島にも小さな精霊がたくさんいます。精霊はいろんな種類がいて、小さな米粒のようなサイズから、大きなものまでいます。

精霊は願掛けを叶えたりしません。

というか、そういう存在ではないのです。ですから、縁結びなどのお願いをしても叶えてくれることはありません。けれど、癒やしを下さい、と手を合わせると、宝島のほうから流してくれます。

もしかしたら、この島にも癒やしの笛を吹く精霊がいるかもしれないので、笛を吹いて下さい、とお願いするのもアリだと思います。

チャシナ伝説がある岬ですが、そのような悲しい身投げの「気」はまったくありませんでした。悲恋が原因で海に身を投げる……という伝承はあちこちにあるので、このお話も、もしかしたら作られたものなのかもしれません。

黄金岬は暗い雰囲気ではなく、パワースポットの岩が湾の中央にあり、癒やしをくれる精霊の島が目の前にあるという、元気になれる場所でした。

は～るか向こうのほうには積丹岬の岩が見えていましたが……そんなに特別な場所ではないように思ったので、今回は行くのをパスしました。けれど、黄金岬すぐ近くの「ビヤノ岬」は確実に強烈なパワースポットで、黄金岬よりもかなりレベルが高かったです。

よし！　行くぞ！　とGoogle マップで検索しましたが、ビヤノ岬までの道がまったくありませんでした。どこからも道が通じていなかったので、山越えをするか、もしくは海からしか行くルートはないようです。人が訪れない場所だからパワーが強いままなのかもしれません。

黄金岬から戻る時は、日光の加減で道がキラキラと輝いていました。土の成分の何かが反射してキラキラとたくさん光っていたのですが、とても縁起がよかったです。私が行ったのは、10月下旬の午前中でした。縁起のよいキラキラは季節や時間によって違うかもしれないので、一応書いておきます。

黄金岬…北海道積丹郡積丹町大字美国町船澗

鬼神社（青森）

●鬼を神様として敬う鬼神伝説

弘前市役所のホームページに書かれている「鬼神伝説」が、わかりやすいので引用します。

【むかし、弥十郎という農民が、岩木山中の赤倉で鬼と親しくなり、よく相撲を取って遊んでいた。鬼は自分のことを『誰にも言わないように。』と弥十郎と約束を交わしていた。

ある時、弥十郎は水田を拓いたが、すぐ水がかれてしまうので困っていた。その話を聞いた鬼は赤倉沢上流のカレイ沢から堰を作って水を引いてくれた。村人はこれを喜び、この堰を鬼神堰とかさかさ堰とよび、鬼に感謝した。

ところが、弥十郎の妻が約束を破り、鬼を一目見ようとしたために、鬼は堰を作るときに使った鍬《くわ》とミノ笠を置いて去り、２度と姿を見せなくなった。弥十郎がそれを持ち帰り、祀ったのが鬼神社の始まりである。

鬼沢には他に、《鬼の腰掛け柏》や《鬼の土俵》など鬼伝説縁の場所がある。そのため、鬼沢の住人は今でも節分の日に豆をまかない・端午の節句にヨモギや菖蒲を屋根にのせないことを習慣にしている家庭が多い。

鬼沢では、鬼が神様なのである。

鬼の正体には、田村麻呂に追われ岩木山麓に隠れ住んだ落武者であるとか、卓越した製鉄技術、潅漑《かんがい》技術を持っていることなどから、大陸から漂着した渡来人ではないか、という説もあるが、定かではない。】

●鬼の神様は赤鬼・パンツ姿

鬼神社は岩木山のふもとにあります。

私は以前、このあたりを取材したことがあるのですが、なぜかこの神社には行きませんでした。行かなくてもいいかな、となんとなく思ったのです。今回取材をして、鬼の伝説というテーマで行くべき神社だったことがわかりました。見えない世界は本当にうまくできています。

一の鳥居を入ると、参道が左にぐる〜っとカーブしています。左側にまわり込むようにして、拝殿の正面へと行きます。

拝殿の真ん前に立った時に、「うわ！　鬼が！　いる！」と驚きました。鬼の伝説は民話のようなものだと思っていたので、鬼が見えた時は半信半疑でした。

この神社は山の中にあるのではなく、住宅地にあります。その神社の「ご祭神」として鬼がいるのです。神様として社殿にいる鬼を見たのが初めてで、非常に珍しいため、しばらくの間、お姿に目が釘づけになりました。

過去にご祭神のフリをして本殿にいた鬼を見たことがありますが、その神社は鬼を封じ込めたお坊さんがそばにいて、しっかりと押さえていました。悪さをしないよう管理していたのです。もちろん、この鬼は神様ではありませんでした。本物の鬼でした。

一の鳥居。まっすぐ進んで奥へ行くと参道が左にカーブしている

ここも本物の鬼と言えばそうなのですが、神様でもあるという……不思議な鬼です。

まじまじと観察したのにはもうひとつわけがあって、体がびっくりするほど赤かったのです。朱色より赤く、全身真っ赤っ赤で、思わず「赤っ！」と口にしてしまったくらいの赤鬼でした。

ツノは1本で黒っぽい色をしており、渦のような、螺旋のような、輪の模様がずら〜っとついていました。手の爪も足の爪も伸びていて黒かったです。

そしてなぜかパンツ？　ふんどし？　のところがぼやけて見えるのです。神様のほうで意図的にぼやかしているというか……鮮明ではありません。

そこが気になったので、ご挨拶をしたあと、一番にお願いをしてみました。

「鬼の神様、すみません。パンツを見せて下さい」

鬼の神様は一瞬「は？」という顔をしましたが、苦笑しつつ見せてくれました。

パンツ部分は、巻きパンツ、巻き短パンみたいになっています。パンツというよりは、短〜い巻きスカート、という感じです。布が古代のものなので、キメが粗くて、ボロキレに近かったです。

ついでに言うと、足もとは裸足で、上半身は裸、筋骨隆々の鬼です。サイズも大きく、夜に出くわしたら腰を抜かすお姿でした。

「昔からこの地にいらっしゃるのですか？」

「うむ」

「それって、3次元の世界で？　でしょうか？」

「人間ではないから、そうではない」

あ、そりゃそうだな、人間じゃないんだから3次元の世界にいるはずがないな～、と下らない質問をしたことを反省し、次に神社の創建について聞きました。

「入口にあった由緒板には、坂上田村麻呂が創建したと書かれていました。本当でしょうか？」

「それはあとづけ」

ヒヒヒ、と肩を揺らして笑っています。鬼って子どものように笑うんだ～、と目を真ん丸にして見ていると、鬼の神様は私の様子が面白かったのか、今度はガッハッハッと大笑いしていました。明るく陽気でサバサバしています。

東北から西の地域では、「鬼の神様」を見たことがないと言うと、

「向こうでは鬼は悪者だろう？」

と眉をひそめます。言われてみれば、たしかにそうで、鬼は悪さをするという民話が多いです。なるほど、それで祀られていないのかもしれません。

けれど東北では……特にこのあたりでは昔から鬼は悪者ではなく、信仰の対象だそうです。鬼だからといって差別をしない、ちゃんと敬う気持ちを持っている、そのような人がたくさんいたのです。そしてその信仰は今も続いています。そのため鬼のほうも「守ってやろう」という気持ちになるそうです。

●信仰する人を大事にする神様

私が「鬼の神様」「鬼の神様」と呼びかけていたら、優しく苦笑しながら、

「神にはなっていないが？」

と言います。正確に言えば、一般的な「神様」という存在ではありません。でも、雰囲気も人間にしていることも、まさに「神様」なのです。人間を危険から救ったり、よくないものから守ったり、願いを叶えたりしています。

正式にごく一般の神様にならないのかな？　と思っていたら、

「神になる必要があるか？」

と言っていました。もともと鬼としての力を持っているのです。私と会話をしているこの鬼の神様は、特別に力が強いので、神様にならなくても持っている力で十分人間を助けることも願いを叶えることもできます。

「願掛けはなんでもオーケーでしょうか？」

と聞くと、どんなお願いをしてもまったくかまわないと答えていました。ただし、鬼の神様だと知っている、そして鬼だとわかっていても心から信仰する、真摯に敬う……叶えるのはそういう人に限るそうです。そのような人間は守ってやるし、願いも叶えてやる、とハッキリ言っていました。

「鬼と知らずに普通の神様だと思って来た人はどうでしょう？」

「そんなやつは知らぬ」

ひえ〜、けんもほろろの反応です。横を向いてこう言っていました。けれど、鬼を心から信仰する人は手厚く守ってもらえるし、願いも叶えてもらえます。

一旦「守る」と決めたら、その意識というか決意が、普通の神様よりも強いのが鬼の神様の特徴です。自分のことを信じるものは、何がなんでもしっかり守ってやる！　という男気のあるタイプなのです。

ちなみにこの「信仰」という部分ですが、フェイク、誤魔化しはNGです。興味本位での参拝も、本当に鬼が神様のように守ってくれるのだろうかと疑問に思う気持ちも見抜かれます。心から敬うのでなければ、ここで願掛けはしないほうがいいです。

この神社の境内は、普通の神社とは違います。ご本人が言うように神様ではありませんから、ご神気が流れているとか、高波動が流れているとかそういう境内ではないのです。

鬼の「気」を帯びている拝殿

波動は、「鬼」です。説明が難しいのですが、流れている「気」が鬼なのです。暗いわけではありません。暗くはないのですが、明るくもありません。
たとえば、一般の神社の境内が太陽光がサンサンと降りそそぐ、広い花畑の野原だとしたら、ここは日なたではあるけれど、山奥の湿地という感じです。鬱蒼とした木々の日なた、でしょうか。それくらい違います。

社殿の後方は森のように木々が生えていました。ここには小さなカラス天狗がいます。妖精みたいな感じで、数多く飛んでいるのです。

「あの～？　鬼の神様？　後ろの森に、小さなカラス天狗が背中のとこをパタパタさせてたくさん飛んでいますが、眷属にカラス天狗がいるのですか？」

「うむ」

へぇぇぇー！　眷属にカラス天狗がいるんだ！　と、これには驚きました。

天狗は神様にも仏様にも、どちらにもなれます。どちらの眷属になることも可能です。そこは知っていましたが、よいほうにも悪いほうにもなれる、つまり神仏のような存在にもなれるし、「魔」のほうに傾くこともできる、と言うのです。それで、鬼であるこの神様にも使えるとのことでした。

この説明も、へぇー！　です。天狗は絶対に神仏側の存在ではないのですね。

江戸時代の書物には天狗にさらわれた話が多くあります。当時の認識では、天狗は神仏ではなく妖怪だったのです。どうして？　と不思議に思っていましたが、鬼の神様の説明を聞いて、パズルの一片がピタッとはまったように理解できました。

不思議なことに、境内に他の鬼はいません。けれど、存在としては10体ほど見えています。どうやら出かけているようです。

「眷属のような鬼が10体くらい見えるのですが、お出かけしているのですか？」

「信者の家に行っている」

信者というのは、この神社・鬼の神様を信仰している人のことです。見まわりよりも濃いサポートをしているそうです。信仰する人のことを本当に大事にしている神様です。

面白いと思ったのは、鬼の眷属は信仰している人のところに「走っていく」そうです。一瞬で移動するとか、飛んでいくとかじゃなくて、走るんですね〜。鬼っぽくて、しかも誠意が伝わってくるようで、なんだかほんわかとした気持ちになりました。

ちなみに、眷属には「青」がいます。赤と青が半々で、5体ずつでした。

このあたりには昔から鬼がいたそうです。今でも東北に行くと、鬼をよく見かけます。これは私の推測ですが、大昔に鬼は東北まで追われたのかもしれません。

北部関東くらいまでは、平野部だけでなく、山にも多くのお堂やお社・祠が設置されています。あちこちに神様・仏様が祀られているのです。そこではたくさんの修験者が修行をしていたと思われます。この修験者の密度が東北は大きく違うように思うのです。

鬼は悪者、という認識でしたから、修験者が鬼を見つけたら、よい鬼なのか悪い鬼なのかを確かめることなく、退治したり追い払ったりしていたのかもしれません。それで、鬼がいられる場所がなくなり、北へ北へと追われたのではないか、と思います。

東北は雪が深いせいで、関東以西のように冬季は山に修行に行くことができません。昔の装備では雪山の登山はできなかったでしょうし、防寒着などがない大昔は、簡単に死んでいたように思います。それで、多くの鬼は東北に住みつくことができたのではないでしょうか。これはあくまでも私の推測ですが。

東北は鬼や妖怪に優しい地域です。可愛らしい鬼や、キュートな妖怪など、存在が弱々しい鬼・妖怪がいられるのは、東北だから、だと思います。

●「鬼の腰掛け柏」にも行ってみました

鬼の腰掛け柏にも行ってみました。Google マップでは「鬼沢のカシワ」と表記されています。

「鬼の腰掛け柏」

柏の木は広大なりんご園の中にありました。大きく太い木で、ビシッと鋭角に曲がっているため、ここに鬼が座っていたんじゃない？　と考えたのもわかります。鬼が座った、だから曲がった、ということなのかもしれません。

しかし、鬼神社にいた鬼の神様が座るとしたら……小さくて無理です。あの神様だったらここに座るのは難しいよなぁ、と思いました。

私が行った時は、りんご園のりんごが見事に鈴なりになっていました。どの木にもいっぱいりんごが実っていたのです。圧巻でした。りんごって、1本の木にすごい数の実がつくのですね。どの木を見ても、すごいな！　のひとことでした。

柏の木はただの木でした。でも、見に行ってよかったです。ほのかにですが、この場所にも「昔、ここに鬼がいました」という「気」が漂っていました。

鬼神社…青森県弘前市大字鬼沢字菖蒲沢

見《み》入《いり》山《やま》観音堂（青森）

●ハードな山登りの参道

見入山観音堂は崖となっている岩山のくぼみに建てられた、懸造りのお堂です。康永３（１３４４）年に建てられており、ご本尊は智証大師が作った如意輪観音の石像で、津軽三十三観音霊場の第９番札所になっています。

崖と調和が取れているお堂の姿が惚れ惚れするほど美しく、しかも大自然の中にあるので絵になります。いつか行ってみたい！　と思っていたお堂です。

駐車場の場所からして大自然の中という感じでした。山間部であり、周囲に民家はありません。

駐車場にも石仏が何体か置かれていて、休憩所や観音堂への案内図もありました。イラストが描かれた案内図には登りが１５０メートルで下りが80メートルと書かれています。

登りが150分だったらやめていたと思いますが、150メートルです。そんなに距離はありません。ちょっと歩けば着くわ〜、ということで登山口のほうへ行きました。

そこで一瞬、ん？　なんで帰りは半分なん？　と疑問に思いました。下山するのは違う道っていうこと？　ま、いいか、と深く考えることなく登り始めたのですが……これは私の大きな勘違いでした。

結論を先に言いますと、150メートル登ったあとに、80メートル下るのです。歩くのは片道230メートルです。しかも、登りも下りも急勾配で、けっこうハードな山登りでした。

最初は森林浴をしつつ、気持ちいいな〜、と歩いていたのですが、徐々にヒーヒーゼーゼー言うモードになります。石段となっているところには手すりがあって、親切な山道なのですが、断崖絶壁に石段を作ってみました〜、みたいな角度です。登りから下りになるところもすごい傾斜でした。

●見る角度によって顔が違う不動明王

下ったところは道が二股になっていて、左側の道の上には洞窟がありました。古くて簡素な祠もあります。なんだろう？　と登って見てみると、祠にはお不動さんが彫られた石板が安置されていました。

石板に彫られたお不動さんは、見る角度によって顔が違います。怖い顔、優しい顔、心配しているような顔など、どこから見るかによって変化するのです。絵として見ると、上手とは言えないお不動さんですが、仏様として見ると、すごい石板です。

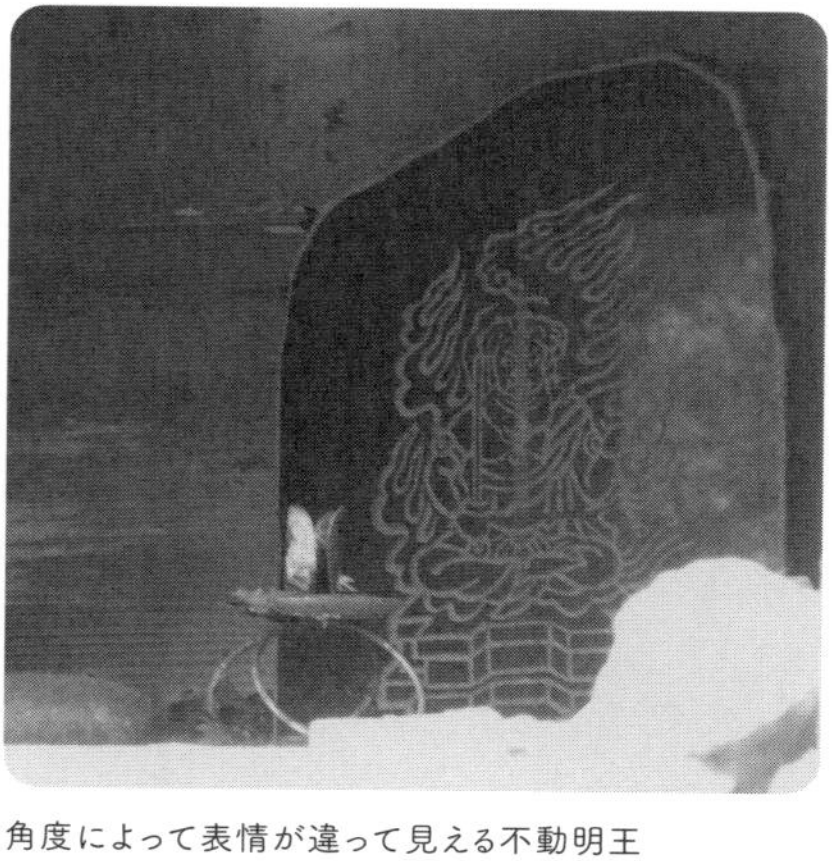

角度によって表情が違って見える不動明王

岩山の洞窟にいるからか、山の上にいるからか、パワーの強いお不動さんでした。せっかくなので真言を唱えて、ご挨拶をしました。

「足もと、気をつけろよ」

お不動さんが優しいアドバイスをしてくれたことにビックリしたのですが、不動明王にそう言わせるほど、この山は滑りやすいです。気をつけて歩かなければ転ぶように思います。しかも勾配が急なので転ぶと大ケガをしそうです。

たしかに危険だ、と思いましたが……お不動さんの祠へ行く石段の手すりは、錆びついていて超汚いのです。

「手が汚れることを厭《いと》うな。手すりをしっかりつかめ」

「はい！」

ということで、アドバイス通りにぎゅっとつかんで石段を降りました。ここに行く人は軍手を持参したほうがいいです。手がものすごーく汚れます。

不動明王の石板が安置されている祠

●他の寺社では叶わなくてもここなら叶うかも!?

二股の右の道を少し進むとお目当ての見入山観音堂がありました。岩山の中にすっぽりと入るように造られていて、美しいです。しかも迫力があります。

石段を登ってお堂の入口に行くと、右手にはお稲荷さんを含め、いくつかの祠がありました。観音堂は自由に入ってもよいと書かれていたので、遠慮なくお邪魔しました。

お堂の中は整理整頓されていて、明るかったです。天井は梵字の模様となっており、折り鶴がたくさん吊るされていました。正面には3体の仏様が祀られています。真ん中が如意輪観音さんで、左は聖観音さん、右はお地蔵さんです。

右の壁に布が奉納されていて「南無大師遍照金剛」と書かれていたし、仏像は錫杖を持っているので、空海さんかな？　と思いましたが、お地蔵さんでした。

ご本尊は如意輪観音さんですが、パワーは聖観音さんのほうがだいぶ強かったです。願掛けをするのであれば、聖観音さんのほうが叶う率は高いです。

お堂の中は驚くほど波動が高く、仏様の「気」が充満していました。人があまり来ないからでしょうか、漂っている「気」が濃厚なのです。かきまわされていないというか、外に漏れていないというか、密度も高いです。

お堂があるのは岩の洞窟内でもあるし、標高も高いため、ここの3体の仏様は平地の仏様よりパワーがあります。

「ここまで登って来たら、願掛けは叶いますか？」

「うむ。だが、金儲けには力を貸さない」

「病気平癒は叶えてもらえるのでしょうか？」

「うむ」

いや、待て待て……と考えました。ここに参拝するには歩いてくるしかありません。

迫力ある美しさの見入山観音堂

150メートルの急な坂道を登るのはけっこうきつかったです。そして80メートルほど下って、またちょっと登るのです。健脚の人でも、しんどー！足、だるー！　となる参道です。

平癒を叶えると言われても、体の弱い人、病気の人はここまで来ることができないと思います。お堂まで来るだけでなく、帰りもあるのです。参拝は本人以外でもいいのかどうか確認をしたら、代理参拝でもかまわないとのことでした。

仏様方は、ここに来ること（山登り）を修行として認める、と言っていました。修行を行なって、そののちに願うのですから、よほどのことがない限り叶えてもらえるように思います。特に平癒や健康のお願いは叶いやすいです。

その他のお願いは内容によります。でも、ここまで来ることを修行とみなす、というのはどのお願いでも同じです。合格祈願でも、修行となる山登りをして、仏様のところまで行くわけです。そしてお願いをして、また修行をしつつ下山します。たぶん叶えてもらえます。

私はあちこちで如意輪観音さんにお会いしますが、だいたいどこの如意輪観音さんも優しいです。そういう仏様なのです。けれどここの如意輪観音さんは強いせいか、やや厳しめでした。

お稲荷さんは仏様の眷属として活動しており、山のお稲荷さんですからこちらも強いです。お稲荷さん自身の眷属を従えていました。

お堂の中に入る予定で行く人は、替えの靴下を持参したほうがいいです。キチンと整頓はされているのですが、靴下はむちゃくちゃ汚れます。お不動さんのところにも行くのなら、前述したように軍手も必要です。

参拝に際してひとつだけ、気をつけなければいけないことがあります。

お堂の入口（欄干の端っこのてっぺん）にある「宝珠」は、さわってはいけないそうです。参拝を終えて靴を履く時に、座って履くのはイヤだな、と思いました。お尻も靴下のように思いっきり汚れそうだったからです。でも、立ったまま、バランスを取りつつスニーカーを履くのは危ないと思ったので、そこにあった欄干の宝珠部分に、手を置こうとしました。すると、その瞬間に「さわるなよ」と一斉に言われたのです。

小さな宝珠ですが、聖域とかぶっているそうです。手を置くだけでも失礼になるので、気をつけたほうがいいです。うっかりさわっても叱られたりはしませんが、よくない行為なので、知っておいたほうがいいと思います。

お堂周辺は空気がキレイでした。澄んだ空気は体によく、深呼吸をすると体の隅々まで行き渡ります。ここは正真正銘のパワースポットです。仏様のパワースポットでもあります。

3体の仏様に、

「お前の望みはないのか？」

と聞かれました。私は現在健康だし、特別にここを治してほしいというところはありません（白髪や強度近視など、この程度のことは誰にでもあるので、仕方がないと思っています）。そこで、次のようにお願いをしました。

「病気を持っている人や、体の不自由な人が、頑張ってここまで来るかもしれません。代理で……つまり、自分のためではなく、人のために来る人もいると思います。どうか、その方々の病気を治したり、お願いを叶えて下さい。どうぞよろしくお願いいたします」

3体の仏様とお稲荷さんが、ニコニコしてうなずいていました。私もせっせと修行となる登山をして観音堂まで行ったのですから、お願いは聞いてもらえるはずです。

平癒祈願には特に強い仏様方なので、他の寺社で叶わなかった願掛けもここなら叶うかもしれません。

見入山観音堂…青森県西津軽郡深浦町大字追良瀬初瀬山草分

御《ご》座《ざの》石《いし》神社（秋田）

●龍に化身し湖の主になった、たつこ姫伝説

田沢湖は周囲が約20キロメートル、水深が約４２３メートルの日本で一番深い湖です。この湖には「たつこ姫伝説」があります。

昔、この地方にたつこという娘が住んでいました。大変美しい容貌をしており、たつこはどうにかして自分の美貌と若さを永遠に保ちたい、と思っていました。

たつこはある日、美しいままでいたい、と観音さんにお願いをしに行きます。

必死で願ったかいがあって、観音さんはごりや

御座石神社にあるたつこ像

くのある泉の場所を教えてくれました。たつこは泉へ行き、そこで水を飲みました。けれど、飲んでも飲んでも、なぜだかのどの渇きが止まりません。水を飲み続けるたつこは次第に龍の姿へと変わっていきました。

こうして龍に化身してしまったたつこは、田沢湖を住処とし、湖の主になりました。もうひとつ別の伝説があって、同じように人間から龍に化身した太郎という男性がいました。太郎龍はたつこ龍に好意を寄せるようになり、2体の龍は仲良くなります。田沢湖で一緒に暮らしたのち、2体は夫婦となりました。

田沢湖のほとりにある御座石神社には、たつこが水を飲んだとされる泉があります。

私が最初に知ったストーリーは簡単なものでした。たつこさんは永遠に美しいままでいたいと願い、それで龍に変身した、龍になったので湖に住んでいる、というこれだけです。知った時は「へ?」と、ものすごい違和感を覚えました。

たつこさんが超美人だったのはわかります。その姿を永遠に保ちたいと願ったのも、なんとなくわかります。けれど、なんで龍になったのだろう? と、そこが謎でした。美貌を保つために龍に変身したという展開がよくわからなかったのです。龍になった時

神々しい雲を背景に龍が泳いでいた田沢湖

点で、美しさを失っているのでは……と思いました。たつこさんって、龍が美しいと思っていたってこと？　と、頭の中はハテナマークだらけでした。
現地に行った時は簡単なストーリーしか知らなかったので、変な伝説だな～、と思いつつ、御座石神社に参拝しました。

神社には「潟頭の霊泉」があり、そこには、
【永遠に変わらぬ美しさを求め、院内の大蔵観音に願をかけた辰子が満願の日、神のお告げによってこの泉の水を飲み、龍神と化したと伝えられます。】

と書かれていました。観音さんに願掛けをして「泉の水を飲みなさい」と言われたことをここで知りました。しかし、ここでも「う〜ん、納得がいかないです〜」という気持ちです。

観音さんはどうして泉の水を飲むように言ったのだろう？　という疑問が湧きます。飲むと龍になる水なのです。龍に変身するのはたつこさんの願いとは違います。

そこでネット検索をして、たつこさんが水を飲み続けたエピソードを知りました。

なるほど、もしかしたら飲むのが1杯だけだったら、不老不死になる水だったのかもしれません。それをたつこさんは思いっきりゴクゴク飲んだから、不老不死を超えて龍神になった、ということなのでしょう。

う〜ん、でもそれだったら、「飲みすぎたら龍になるぞ、気をつけよ」と教えてあげればよかったのでは？　などと、おとぎ話なのにしつこくあれこれ考えました（笑）。

御座石神社はたつこさんがご祭神ですが、祝詞を唱えていると、出てきたのは小鬼でした。頭にツノが1本生えています。その小鬼が、いつの間にか私の足もとに立っていて、じぃーーーーーっと私を見上げています。凝視しているのです。

東北は意外とあちこちに鬼がいます。祝詞を唱えたら出てきたので、この小鬼は悪いものではありません。眷属かな？　と思っていたら、祝詞が終わると同時にスッと消えました。丁寧にご挨拶もしましたが……ご祭神には会えませんでした。

●田沢湖には本当に龍がいた

たつこさんは龍となって湖に沈んだという伝説ですが、田沢湖には本当に龍がいます。水の中ではなく、大空を悠々と泳いでいました。緑色の龍です。この龍の高波動の影響で雲が神々しく輝いていました。

輝いていると言えば、湖の水も美しかったです。コバルトグリーンでした。キレイな色だな〜、としばし見とれました。

龍が大空をのんびりと優雅に飛翔している姿は、神々しい雲を背景とした一幅の絵のようで芸術的でした。龍は1体しかいません。太郎龍さんはいないのだな、と思っていたら……どこかから別の龍が、しゅるる〜んっと泳いできました。

本当に2体いるんだ！　と伝説通りだったので驚きました。

「龍神さ〜ん！」

声をかけてみました。

「夫婦だという説があるのですが〜？」

2体の龍は楽しげに笑っています。

「龍に男性とか女性とかないですよね〜」

そう言うと、体をくねらせてめちゃくちゃ笑います。

「人間は、2つあるものを見ると、恋人や夫婦と考えるようだな」

最初からいる龍がそう言って、また2体で笑っています。たしかにそうです。2つある岩が夫婦岩だと言われていたり、2本ある杉が夫婦杉と呼ばれたりしているのを、けっこうあちこちで見かけます。

田沢湖の2体の龍はとても仲良しで、並んで泳いだり、クロスしてみたり、2体で螺旋《らせん》を描いたりと、パフォーマンスを楽しんでいました。この様子を見ていると、誰もが夫婦だと思ってしまうだろう、という親密さでした。

よく見ると、最初からいたほうの龍は顔が整っています。可愛いのです。龍の顔にも微妙な違いがあって、ここの龍はたしかに美人・ハンサムです。ああ、それで、美人であるたつこさんが変身したという伝説ができたのかもしれない、と思いました。

美しい顔の龍を見て、目の保養をさせてもらった田沢湖でした。ちなみに、たつこさんはどこにもいませんでした。

御座石神社…秋田県仙北市西木町桧木内相内潟1

龍の波動の影響で龍の顔に見える黄金色の雲

三ツ石神社（岩手）

●「岩手」という地名の由来になった鬼伝説

昔、この地方に「羅刹《らせつ》」という鬼が住んでいました。派手に悪さをする鬼で、あちこちで人々を困らせていました。鬼の悪行にほとほと手を焼いた村人は、村の神様である「三ツ石様」にお願いをしました。どうかあの悪い鬼を懲らしめて下さい！と。

三ツ石様はとても大きな3つの岩です。古代から信仰されてきた岩で、誰もが神様だと信じていました。その神様に助けを求めたのです。

三ツ石様は村人の願いを聞き入れ、鬼を三ツ石様のひとつに縛りつけました。自由を奪われた鬼は反省をし、もう二度と悪いことはしないと約束します。これまで迷惑をかけてきたお詫びに、この地域に足を踏み入れることは二度としませんと誓いました。

この約束を破ることはありません、という証《あかし》に、鬼は岩に手形を残しました。「岩」に残った「手」形から「岩手」という地名になったと伝えられています。

さっぱりした印象の境内入口

三ツ石神社には2回参拝しました。住宅地にひっそりとあって、こぢんまりとした神社です。社殿から判断すると氏神様クラスですが、境内には三ツ石様と呼ばれる大きな岩が3つあります。

岩手の由来であるとのことで期待して行ったのですが、3つの岩はパワースポットというほどのものではなく、これくらいの岩はたまに見るかも、という感じでした。そこそこの岩パワーはありますが、強いものではないのです。なんだかちぐはぐな感じがするな～、というのが、神社の最初の印象です。

境内に入った時に感じたのはお寺の「気」でした。不思議だ、と思いつつご挨拶をしましたが、神様は出てきませんし、何もわからずで、しばらく境内をブラブラしました。

境内になじんでくると、神様が見えました。大昔の男性です。身長が高く、2メートル近いように見えます。180センチは軽く超えています。この神様が人間だった時代はありえない高さだったのだろうと思います。

髪の毛は、これも珍しく強めの天然パーマでくるくるとしており、それがボサボサになって伸びています。切ってくれる人がいなかったのかな？　と思いました。赤ら顔をしているので、鬼に見えないこともありません。その神様がじっと私を見ています。

当時の日本人男性の平均身長よりはるかに背が高く、くるくるとカールしている伸びきった髪と、かなりの赤ら顔で……あら？　もしかしたらこの方が羅刹？　と思いました。

でも神様ですから、鬼ではありません。生前の神様の姿が鬼に見えないこともないので、羅刹という伝説の鬼は、神様のことを言っているのかもしれません。

見た感じは内気でおとなしそうな人物です。人間だった時の姿を見せているのでよくわかるのですが、オドオド、ビクビクした性格です。すまなさそうな、困ったような、なんとも言えない表情をしており、「何か、つらいことがあったのですか？」と聞かずにはいられない雰囲気なのです。

「神様、これって神様の生前のお姿ですね？」

「そうだ」

「なんだか、すごく悲しそうに見えるのですが……」

体が大きかった神様は、それだけで人にじろじろと見られていました。「大きくて怖い」という人がいれば、「大きくて気持ちが悪い」という人もいました。好奇の目で見られることが多かったそうです。

「この地方にある鬼の伝説は神様のことでしょうか?」

神様はちょっと苦笑して、伝説のもととなった話をしてくれました。

●悪気のない可愛いイタズラが鬼伝説となったわけ

神様はずっと孤独でした。幼い頃から仲間はずれにされることが多かった神様は、いつもひとりで遊んでいました。青年になってからもひとりぼっちは変わりません。

ある日のことです。神様はひとりで棒を振り回し、戦う遊びをしていました。木陰からパッと道に出ると、そこにたまたま旅人がいました。歩き疲れて休憩をしていたのです。いきなり鬼のような姿をした大男が目の前に出現したので、旅人は肝をつぶしました。あわててひれ伏すと、手にしていた食べ物を神様に差し出したのです。

「どうかこれで勘弁して下さい」

そう言うと、脱兎のごとく逃げて行きました。

残された神様はきょとんとしています。なぜ食べ物をもらえたのかわかりません。神様は旅人を脅したわけではないし、食べ物をくれと言ったわけでもないのです。けれどこの時に、いきなり姿を現せば人は驚いて何かをくれる、ということを覚えました。

驚かれると楽しいし、爽快な気分にもなります。自分の体型がコンプレックスだった神様にとって、それは心地よいことでもありました。

味をしめた神様は時々旅人の前に姿を現しました。ただ逃げていくだけの人もいれば、金品や食べ物をくれる人もいます。ほとんどの人はペコペコしながら何かを差し出します。

このイタズラを面白いと思った神様は、しばらく続けました。鬼になりきって脅したわけではありません。あくまでも木陰からいきなりピョンッと出現する、ただそれだけの可愛いイタズラでした。

しかしこのイタズラで、三ツ石がある村には鬼がいる、というよくない噂が広がります。その噂で困ったのは村人たちです。鬼の村などと言われては、近隣の村と商売や取引ができないからです。

そこで、数名の村の男たちが神様を取り囲みました。

実は、生前の神様は、理解をしたり、考えたりする能力に少し障害がありました。

ですから、旅人を驚かすことを悪いことだと理解していなかったのです。村人もそれは知っていました。けれど、神様を教え諭そうという優しさを持った人はいませんでした。神様を囲った男たちは大声で怒鳴りつけました。

「今度悪さをしたら、お前を3つに刻んで三ツ石様にくくりつけるぞ！」

「三ツ石様のバチが当たって、お前は死ぬ！」

もともと気弱で内気な神様ですから、大勢に叱られたことで怖くなり、村を出ていきました。その後、一度も村には帰っていないそうです。

「それでどうして今、ここにおられるのですか？」

亡くなった直後の神様はお葬式をしてもらうこともなく、弔ってくれる人もいなくて、行くところ（成仏の仕方）がわからなかったそうです。それで、もといた集落に戻ってみました。しかし、ここにも知っている人はいなくて、途方に暮れました。

そんな時に、小さな祠が建てられました。ここだったらいてもいいのかな？　ということで、祠にいることにしたそうです。

昔は障害がある人をサポートするどころか、平気で差別をする人がいました。差別をしても非難されない時代だったのです。生前の神様にはなんの悪気もなく、子どものように、単純に面白いと思った遊びをしていただけです。

体が大きくて赤ら顔だったせいで、鬼の仕業だと面白おかしく吹聴されました。旅人が休んでいるところにパッと出た、それだけのことでしたが、村人から石を投げられて村を追い出されたのです。生前のお顔が、すまなさそうな、困ったような、なんとも言えない悲しみの表情だったのが理解できました。

ここで数人の中学生がワイワイとやってきたので、境内をあとにしました。実際の由緒が悲しいストーリーですし、神様のことがよくわからないまま辞去したので、本にもブログにも書けませんでした。

今回のテーマが「伝説」と「由緒」ということで、もしかしたら羅刹という鬼の伝説について知りたいと思う読者さんがいるかもしれない、ちゃんと話を聞こうと、再び三ツ石神社へ行きました。

●神様が教えてくれた大きな修行とは

駐車場から歩いて神社に向かっていると、すでに神様は鳥居の向こうで待っていました。

「よぉ、久しぶりだの」

神様のほうからニコニコと声をかけてくれます。「よぉ」で、手まで上げてくれて、大歓迎です。初回は生前のお話を聞いただけだったので、「悲しい」という気持ちで帰りましたが、神様はえらく陽気なお方です。あれ？　こんなに明るい神様だったっけ？　と嬉しくなりました。

「こんにちは～！　お久しぶりですっ！」

私も負けじと明るくご挨拶をしました。

「今日はなんだ？　どうした？」

「前回来た時は暗い印象だったので、印象を書き換えに来ました」

神様は愉快そうに笑っています。

「次の本は興味深い伝説と由緒がテーマなんです」

「そうか」

「この神社の興味深い伝説と言えば、鬼が岩に手形を残したことですね。それで岩手という地名ができたと」

「手形をつけたのはワシではないぞ」

「ですよね。鬼がいたということになっているので、尾ひれがつくのでしょうね」

神様はニヤリとした笑みを浮かべています。

「？」

「お前は前回もその話をしたぞ？」

「えっ！　本当ですか！」

「その伝説を知りたいという理由で来たではないか」

「ええーっ？　そうでした？　完全に忘れてました」

神様はまたまた豪快に笑っています。明るくて屈託のない、素敵な笑顔です。

「神様？　立ち入ったことをお聞きしてもいいですか？」

「うむ」

「最後となった人生を、神様は障害のある体で生まれましたが、それはご自分で選んだのでしょうか？」

「そうだ」

「選んだ理由を教えてもらえますか？」

「大きな修行になるからだ」

不自由な体を持つことは、人間が考えている以上に高度な魂の修行になるそうです。

人間はいい人ばかりではありません。障害を持っている人を差別したり、石を投げたり、叩いたりと、平気でひどいことをする人もいるのです。人間にはこういうところがあるのだな、こういう人もいるのだな、と学ぶそうです。いろいろなタイプの人間を学ぶことは、さまざまなレベルの霊格を学ぶことでもあります。

人間にはもともと肉体に備わっている、波動の低い感情があります。ちょっとした意地悪をしてスカッとしたり、イライラを人にぶつけたりするのは波動の低い感情のせいです。妬ましい、憎いなどのネガティブな感情もそうです。

多くの人はそれを克服しようと努力をします。でも中には、その感情に操られて、ひどい差別をする人もいるわけです。波動の低い感情に操られている人を見て、人間の弱さを

三ッ石様として信仰されてきた3つの岩

学習し、差別をされる側になってさまざまなことを学びます。

中には障害を持っている人をまったく差別せず、変に特別視もせず、普通に接する人もいます。本当に神仏のような心を持っている人もいて、そのような人は自分の食べ物の中から分けてくれたり、いじめられた傷の手当をしてくれたりと、とても優しかったそうです。

障害を持つことで、たくさんのことを学んだ、と神様はニコニコしています。前回、村人たちの仕打ちを聞いた私は、暗く悲しい人生なのかと思っていましたが、神様はよい経験をしたと満足しているのです。

「現在、障害で苦しんでいる者は、自分ではその修行の偉大さがわからないだろう」

生きている間は人間なので、真の価値はどうしてもわからない、と神様は言います。悲しいことが多い人生のように思うかもしれませんが、魂はちゃんと理解しているそうです。あちらの世界に帰った時に、どれほど高度な修行をしたのか、どれほど自分が頑張ったのか、すべて理解ができる、と言っていました。

ごく普通に生きる人と違った人生は、数えきれないほどの学びを得る人生であり、その学びは貴重で希少、深くて尊いものだそうです。

そしてそれは、障害を持った本人だけでなく、親御さんや兄弟姉妹、まわりの人にとっても、ものすごく大きな修行となります。霊格のランクが一足飛びで上昇するくらい価値のある修行だと教えてくれました。

社殿の前にある休憩所のベンチに座ると、神様もしゅっと小さくなってベンチに座りました。何もかも包み込むような優しさを持った神様ですから、参拝者の心の痛みや悩みを真剣に考えてくれます。特に心の苦しみから救う癒やしの力が大きいです。

生前に苦労をしたことを忘れていないので、思いやりの際立った神様であり、とことん親身になってくれる神様でもあります。

社殿には鍵がかけられていて、常時閉まっているようでした。私が行った2回とも、扉は閉まっていました。ですから、「ここに神様がいるのかな?」と思うかもしれませんが、神様は常に境内におられ、来た人の話を一生懸命に聞いています。

三ツ石神社…岩手県盛岡市名須川町2―1

盛岡八幡宮（岩手）

●浄化作用があるまっさらな土地の境内

延宝8（1680）年に、第29代南部重信公が創建した神社で、ご祭神は品陀和気命（第15代応神天皇）です。

1062年に源頼義が安倍氏討伐の折に、当時軍神として信仰を集めていた石清水八幡宮から勧請をしたことが始まりであるという説があります。

この神社は本殿も含めると12社のお社があって、「神社のテーマパーク」と言われています。安産、学業成就、縁結び、芸事上達の神様がおられ、料理の神様までいる神社です。

スカッとひらけた広い境内にはサッパリとした「気」が流れていて、スッキリ爽やかです。地面がまっさらに浄化されていて、周囲の土地とまるで違うことがわかります。土地がキレイな神社です。

爽やかに浄化されている土地に建つ盛岡八幡宮

境内に入ったところで、四国にある「善通寺」の東院を思い出しました。善通寺の東院は、生前の空海さんが土地の浄化をしているので、土地がまっさらなのです。

でもこの神社にそのような由緒はないし、どうしてここまで浄化されているのだろう？　と不思議に思いました。

これはあとからわかったのですが、盛岡八幡宮は大規模な「どんと祭」をしています。

一般的には「どんど焼き」と言われるこの行事は、神社やお寺で行われる火のお祭りです。1月14日の夜か、15日の朝にするところがほとんどで、お正月に飾られたしめ飾りや門松を燃やします。

各家庭から持ち込まれたお正月飾り、古いおふだ、お守り、神棚の古いしめ縄などを焼いてくれる寺社もあります。

どんど焼きの火には、新年のおめでたい波動が入っており、門松などを焼くことによって縁起物パワーも含まれています。火が持っている強いエネルギーも同時に浴びられるので、どんど焼きに参加できるのであれば、行ったほうがいいですよ、と『ごりやく歳時記』(幻冬舎刊)という本でおすすめしました。

盛岡八幡宮はこのどんど焼きを、境内で盛大にやっているのです。毎年焚くこのパワーある火が土地を清めているみたいです。もしかしたら、神様方が大きく浄化するようにしているのかもしれません。

ご祭神は奈良時代あたりの男性で、弓を持ち、矢筒を背負っています。矢で戦う人物だったようです。古代に人間だった神様で剣を持っているお姿は多いのですが、弓矢というのは珍しいです。

矢を射るのがとても上手だということと、人を殺したことがない、というのはお姿を拝見しただけでわかりました。

神様に確認をしたら、矢を射る名人だったそうです。狙った的をはずすことはなく、戦では相手の足や手を狙って、胴体に撃ち込んだことはないとのことです。人を殺したことは一度もない、と言っていました。

大きな神社になる前に、軍神として祀られており、長く信仰されていましたが、宇佐神宮や石清水八幡宮から来ているのではありません。この地域にいた人物です。最初は矢の名人として、ほんのわずかな人たちに信仰されていただけでした。その後、徐々に信仰が広がって、小さな祠ができています。それが神社となって、今の盛岡八幡宮につながっています。

大黒さんと恵比寿さんの木像の上に掲げられている縁起物の絵

●厄を閉じ込めてくれるひょうたん

この神社は、どこから書こうかなと悩むくらい、イベント感満載でした。

まずはご神木です。大きなケヤキが２本あります。強烈なパワーを持っているご神木です。

この2本の中間に、お社が設置されていました。ここに神様はいませんが、お社の前に行くと、ご神木のエッセンスをたくさん振りかけてもらえます。強いご神木なので、人間関係修復のエッセンスは効果抜群です。

ご神木が柔らかい性質なので、「優しくなりたい」「人に優しくしたい」という思いも叶えてくれます。性格が丸くなるエッセンスを振りかけてくれるのです。

縁結びをお願いするのは若干違うのですが、優しい人になれますように、という願いを叶えてもらえれば、人格者となりますから、魅力が倍増します。「あの人はいい人だな〜」と好感を持たれるわけです。その好感が恋心に育っていく可能性はあります。

「人間関係がすべてうまくいきますように」というお願いも叶えてくれますから、そうなるといろんな人との関係が良好となり、それが恋に発展することもありそうです。なので、そういう意味での縁結びはあります。

ここでの願掛けのコツは、お社に願うのではなく、直接ご神木に話しかけます。

ご神木を囲ってある柵には「ひょうたん」がたくさん掛けられていました。願いが叶うひょうたんなのかな？　ということで、授与所へ行ってみました。

ひょうたんはお守りとセットになっていて、4種類ありました。すべて同じひょうたんですが、セットになっているお守りの種類が違うのです。五芒星が描かれているものと、四神（青龍、朱雀、白虎、玄武）が描かれているものがあり、どちらにも白と黒があって、それで4種類です。

厄を封じ込める効果があるひょうたん

パッと見た時に、「買うのは五芒星だな」と思いました。四神はお守りで持つのはちょっと違うため、五芒星のほうが断然パワーがあるのです。私は黒いものが好きではないので、白を買おうかと思いましたが……白のほうはよくないもの、厄を避ける力が黒ほどありません。

仕方なく黒を買うことにし、巫女のお姉さんに渡すと、

「厄年用のお守りですが、いいですか？」

と聞かれました。

え！　厄年用なん？　と、よく見たら「厄年用ひ

ょうたんセット」と、でかでかと書かれていました（笑）。大きな文字でも目に入らないことがあるのですね〜。

「厄年ではありませんが、このお守りがほしいんです」

「ん〜〜〜〜〜。まあ、いいんじゃないですか」

巫女のお姉さんはどう答えるか迷ったようで「ん〜」はけっこう長かったです。

こうして購入したひょうたんですが、実は私はこの年、前厄でした。買ったあとで、「あっ！　私、前厄やん……だから買ってよかったたやん」と気づきました。相変わらずボ〜ッと生きています（苦笑）。

お守りを選べるひょうたんセット

授与所には授与品がいっぱいありました。選ぶのが楽しいくらいの品揃えでした。ふと、おふだを見ると、縁起がいいおふだがありました。紅白の紙で木のおふだを包んでおり、金銀の水引がリボン結びとなっているのです。

縁起のよいおふだなので、一緒に購入しました。巫女さんが、日付と名前を入れるかどうか、聞いてくれます。せっかくなので縁起がよいまま飾りたいと思い、日付と名前入れはお断りしました。

次に、祈願を入れるかどうかも聞いてくれます。家内安全や商売繁盛などのハンコを、白い紙の部分に押してくれるそうです。私は神様の波動のみにしたかったので、これもお断りしました。

授与所を離れ、ひょうたん作業台に移動します。説明には、ひょうたんに名前、年齢を書き、息を3回吹きかけて、フタをボンドで止める、と書かれています。

「ふむふむ、なるほど」

まず名前を書いて、それから年齢を書き、息をフーッフーッフーッと強く3回吹きかけました。そこでハッと気づいたのですが、厄を全部そこに閉じ込めた瞬間に、パッとフタをしないと意味がありません。つまり、息を吹きかけたあと、ボンドをつけている暇がないのです。

ボンドをつける人は、息を吹きかける前につけておくことをおすすめします。厄を閉じ込めるためには、最後の息を入れた瞬間にサッとフタを閉めたほうがいいからです。

「3回息を吹きかけたあとはどうするんだった？　え～っと、ボンドだな。ボンドのフタを取って、これをひょうたんのフタに塗って……」というふうにモタモタしていたら、しゅるしゅるしゅる～と、入れた息がひょうたんから漏れてしまいます。漏れた厄はふたたび自分にくっつきますから、厄を封じ込めたことになりません。

私はボンドをつけられなかったので、思いっきり、えいっ！　と強くフタを押し込んで奉納しました。

「え？　識子さん、やり直したらいいのでは？」

と思った方がいらっしゃるかもしれませんが、そうすると、息を6回吹きかけることになるので、それはちょっと違うのです。

●テーマパークのような境内社めぐり

本殿に向かって左側のエリアは一種独特の空間になっていました。境内社がいくつかあって、稲荷社もあります。

このお稲荷さんが強烈に強いのです。自然霊のお稲荷さんです。眷属もいっぱいいました。けれど、この社殿が本拠地ではありません。普段は山にいる、山のお稲荷さんなのです。

祝詞を唱えると、稲荷社のご祭神のお稲荷さんがスッと来られました。続いて眷属もスッスッと次々にたくさんやって来ます。全員が整列をして、祝詞を聞いてくれました。とても力があるお稲荷さんなのに、ここにはあまり人が来ないそうです。もったいないな〜、と思いました。

とりあえず、先に境内を全部見ておこうと、その先へとてくてく進んでいたら、

「そっちは護國神社だぞ」

と教えてくれました。え？　そうなん？　と、そちらの境内に一歩入ったところで見たら、たしかに戦没者が多くいました。大勢の人がス〜ッと一斉にこちらに寄ってきます。

これは取り憑くとかそういうことではなく、単純に話を聞いてもらいたいという思いからです。元気だったらいくらでも聞きますが、疲れている時は遠慮したいです。戦争のお話だからです。私のほうにじっくりお話を聞くパワーがない時は、護國神社には入らないようにしています。

わかる人が来た！　ということで、悪気なくわ〜っと寄ってきていたのですが、お稲荷さんに「守って下さい」とお願いをすると、真っ白い眷属たちが、ガッチリと周囲をガードしてくれました。

盛岡八幡宮は拝殿下の境内社エリアにも稲荷社があります。けれど、そちらのお社にお稲荷さんは入っていません。勧請したようですが、もとからいるこちらの強いお稲荷さんに遠慮して、入らなかったみたいです。

お稲荷さんに願掛けをしたい人は、本殿の左側です。お社は古いのですが、自然霊で、高い山にいる高神様でもあるお稲荷さんなので、力は強いです。金運アップももちろんオーケーです。

拝殿下の境内社エリアには、大黒さんと恵比寿さんの大きめの木像が置かれている、オープンタイプのお社があります。2つの像の真ん中の上部（天井）に、板に描かれた古い絵が掲げられていました。この絵がとても縁起がいいのです。縁起物です。

矢筒を背負い、弓を持ち、剣を腰に差した、大昔の凛々しい男性の絵は、神様のお姿に似ています（他に老人と子どもも描かれています）。たまたまかもしれませんが、縁起物の絵が神様のお姿だったので驚きました。

「縁起がいいな〜」とまじまじ見ることで、ちょっぴりですが、運気アップに効果があります。

その近くには3つほどお社が並んでいました。

左は稲荷社です。前述したようにお稲荷さんは入っていません。

真ん中は天神社です。お社の中を見たら人形が置かれていました。神様が人形に宿っているのではなく、人形が窓口になっています。京都の北野天満宮とつながっていました。ですから、ここで手を合わせると、北野天満宮に手を合わせていることになり、声が届きます。北野天満宮は神様がたくさんいる神社なので、願いは叶いやすいです。

私が行った日は、扉が開かれていて人形が見えていました。それで、窓口を通じて北野天満宮とつながれたのかもしれません。

もしも扉が閉まっていたら、声が届くかどうかは不明であることをお断りしておきます。

右にあるお社は「健康神社」と書かれていました。女性と男性の像が1体ずつ置かれています。ここには神様が宿っていました。2

大黒さんと恵比寿さんの木像があるオープンタイプのお社

柱いるのではなく、1柱です。

ご祭神の神様によると、盛岡八幡宮の眷属の1体がものすごく頑張って力をつけ、晴れて神様となって、ここにいるそうです。神様となったちょうどその時に、健康神社が設置されたので、ここにスッと入っています。

働きものだった眷属は、神様となった今もせっせと頑張っており、特に健康関係の願掛けに強く、病気平癒がお得意です。神様となった自分を信仰してくれる人を大事にしたい、という思いが強いのも特徴です。

「身を粉にして働くぞ」

ご祭神が自信を持っておすすめしていました。

そのご祭神ですが、昔は軍神でした。けれど現在は平和な世の中なので、願掛けはなんでもオーケーです。昔のように人を殺す世の中ではないのでホッとしている、と言っていました。

神様の時間の感覚は人間とは違います。ですから、人間同士が戦っていた時代はつい昨日のように感じているのかもしれません。今は戦がないので、常にホッとした気持ちでいるみたいです。そういうご神気が境内に流れています。

そのおかげで参拝する私たちも、平和で落ち着いた気分になりますし、ふぅ〜っと安堵したような感覚になります。

軍神として信仰されていたけれど、戦いは好きではなかった神様ですから、今は平和な願掛けを叶えるのが楽しいそうです。

この神社で願掛けをするのなら、健康に関するお願いは境内社のほうが頑張ってくれます。

合格祈願は北野天満宮直通で祈願したほうがいいかもしれません。

金運アップはお稲荷さんです。「強い稲荷だろう?」と、ご祭神が言っていたくらいですから、頼りになります。

人間関係の修復と性格を丸くしてほしい願掛けはご神木に、その他のお願いはすべてご祭神です。

テーマパークのような神社だな、ということは私も思いました。あれこれ見たり、あちこちで手を合わせることができて楽しいのですが、一番の恩恵は、境内にいることによる浄化作用ではないかと思います。

平和を愛する神様のご神気をいただくことで、心も安定しますから、願掛けをしなくても参拝に行くとよい神社です。

盛岡八幡宮…岩手県盛岡市八幡町13－1

櫻山神社《さくらやま》（岩手）

●南部家の4柱と吉兆のシンボル烏帽子《えぼし》岩

盛岡城の三の丸跡に1749年に創建されています。南部藩の総鎮守として信仰されてきた神社で、ご祭神は以下の南部家の人物4柱です。南部光行公（南部家初代）、南部信直公（盛岡藩初代・南部家26代）、南部利直公（盛岡藩2代・南部家27代）、南部利敬公（盛岡藩11代・南部家36代）。

境内には宝大石と呼ばれる烏帽子岩があり、吉兆のシンボルとして信仰を集めています。南部藩盛岡の「お守り岩」として有名で、災害や疫病があった時はこの岩の前で神事が行われます。

盛岡八幡宮の近くにあったので寄ってみました。

境内に入って社殿を見たら、何柱かの神様が見えて、由緒を読む前にご祭神は1柱じゃないことがわかりました。拝殿には列ができていたため、境内にあった由緒書きを読んで、先に拝殿の右側から上のエリアに行くことにしました。

パッと目に飛び込んできた烏帽子岩はとても大きく、その岩を支えている台座となっている岩もかなりのサイズです。おぉ〜、こりゃすごい、と思わずつぶやいてしまったほどの迫力がありました。

街の中ですが、岩のパワースポットとなっていました。岩自体のパワーにプラスして、地中にあるエネルギーが岩を伝って放出されているのです。

初めてのパターンで驚いたのは、この神社の神様方が烏帽子岩のパワーを利用している、ということです。もとが人間の神様だからでしょうか、力が足りないところを補うパワーとして烏帽子岩のパワーと放出されている地下エネルギーを使っています。

烏帽子岩エリアにはお稲荷さんもいました。お社は小さいのですが、そこそこの数の眷属がいて、にぎやかな稲荷社です。ご挨拶をして、本殿のほうを見ていたら、

「そこには人間から神になった者がいるぞ」

お稲荷さんのほうから、声をかけてくれました。

●アットホームな雰囲気の神様方

「お稲荷さん、先に烏帽子岩のことをお聞きしてもいいですか？　お稲荷さんも本殿にいる神様のように、烏帽子岩やこの下にあるエネルギーを利用しているのでしょうか？」

「ワシらはそんなことはしない」

特別なパワーを持った烏帽子岩

神社の特徴なのかと思ったら、そうではないようです。お稲荷さんはもとが人間ではなく、もともと力を持っている存在です。岩のパワーなど必要ないそうです。

「だが、そこにいる者たちは利用している」

「はい。私にもそのよ

うに見えました。この神社には由緒に書かれている神様4柱、全員いるのでしょうか？」

「すべている」

けれど、全員が神様ではないそうです。1柱は神様になっていますが、残りの3柱は修行中だと言っていました。

「その者たちはよく会議をしているぞ」

「へぇ～、会議ですか」

どの願掛けを叶えるか、誰の願掛けを叶えるか、どのようにして叶えるかなど、こまごましたことを会議で、みんなで決めているそうです。全員がものすごーく真面目だと教えてくれました。

参拝に来る人、信仰してくれる人のために、大きな力を持った神様になろうと、4柱の方々は切磋琢磨して修行をしています。その努力はなかなかのものだ、とお稲荷さんが褒めていました。

「会議も適当にやっているのではなく、熱心に検討しているのでしょうね」

「うむ。その会議に、時々だが、ワシも呼ばれる……」

困ったようなトホホ顔で言うので、笑ってしまいました。

お稲荷さんは境内社ですから、言ってみれば別の神社です。しかも、人間だった神様よりもはるかに神格が高いのです。ごく普通に考えると、呼ぶことは遠慮したほうがいいように思いますが、４柱の方々は超真面目ですから、意見を聞かねば！　と思うのかもしれません。

お稲荷さんが会議に招かれ、ああでもないこうでもないと議論をしている４柱の輪に加わって座っている……という状況を想像すると、うふふ、と笑みがこぼれます。

「素敵な神社ですね」

お稲荷さんは下を向いて苦笑していました。

神様と神様見習いの４柱はとても勤勉で、神様の仕事に全力で取り組んでいます。余裕がないくらいだそうです。願掛けをキッチリと叶えてやらねば！　参拝者の期待に応えよう！　と頑張っています。

その姿勢は微笑ましく好感が持てるので、お稲荷さんは格がまったく違うのですが、会議に呼ばれたら「はいはい」と参加しているそうです。アットホームな雰囲気の神社であり、優しいお稲荷さんです。

拝殿の前に行き、祝詞を唱えてご挨拶をしました。4柱がよく見えます。よく話す陽気な方と、寡黙でおとなし～い方がいます。陽気な方は「おぉ！　よう来てくれた！　ありがとう！　ありがとう！」と大騒ぎです。

そこからいろいろとお話をしてくれました。

「稲荷神が言っていたように、ワシらは会議をして大事なことを決めているのだ」

「会議でどんな話をしていらっしゃるのですか？」

この質問に、ああでこうでと長々と説明をしてくれました。人間の願いを叶えたり、恩恵を与えたり、人間を悪いものから守ったり……そのようなことをするのに間違いがあってはならぬ！　と力説していました。

願掛けを最高の状態で叶えてやりたいし、その人のためになるものを与えてやりたい、悪いものに取り憑かれて困っていたら救いたいし、そもそものような「魔」に憑かれないように守ってやりたい、と熱弁をふるっていました。

「ひとりで勝手に決めて行動するよりも、みなで意見を出し合ったほうがいい」

やる気満々で、情熱のある神様方です。

けっこう長い時間、お話を聞いたので「そろそろ失礼しよう」と出口に向かっていたら、

陽気な方がそばに寄って来ました。他の方々はニコニコして見送っています。陽気な方は私と一緒に歩きつつ、

「もう帰るのか?」

と、寂しそうに聞きます。

「はい。楽しいお話をありがとうございました」

ここでまた、参拝者に細かいサポートをしている話をしてくれました。本当に話すことがお好きなようです。聞いてくれる人がいる、というのが嬉しいようで、生き生きとしていました。

「この神社では、なんでも願っていいのですね?」

「うむ。なんでも願いなさい。だが、金運に関しては稲荷のほうがよい」

どこまでも正直で信頼ができるお方です。文章では伝わっていないかもしれませんが、もう本当に、「え? まだお話になります?」というくらい、語っていました(笑)。

参拝に行った時は、境内でお話をするといいです(心の中で話しても大丈夫です)。どのお方も喜んでくれます。

境内にある烏帽子岩は、神様と神様見習いの方が、力の足りないところを補うために利用しているくらいパワーがあるものです。このパワーをもらいに行くだけでも、参拝したかいがあると言える神社です。

真面目に頑張っておられる神様見習いの3柱の方々は、人間の応援がサポートとなるので、応援に行くことをおすすめしたい神社です。

櫻山神社…岩手県盛岡市内丸1－42

白虎隊《びゃっこたい》（福島）

●白虎隊士が選んだ自刃と当時の事情

明治維新直前のことです。新政府軍と旧幕府軍は最後の戦いをしていました。新政府軍が旧幕府軍である会津に大軍を進めてきました。

会津藩の少年たちは、少年でありながら、「自分たちも戦うべきだ」「戦に参加させてほしい」と藩に申し出ます。それが認められて、少年たちも出陣することになりました。

ひとりの大人がリーダーとして、少年たちを引率していました。ある夜のことです。少年たちが空腹を訴えると、「食べ物を探してくる」とリーダーは言います。「ワシが戻るまでここを動くな」と言い残してその場を去りました。しかし、夜が明けてもリーダーは戻ってきません。リーダーはいなくなりましたが、自分たちだけでも「進撃をしよう！」と、少年たちは先へ進みます。

しかし、いざ戦場に出陣してみると、敵の鉄砲隊には歯が立たず、少年たちの「白虎隊二番隊」は数が半分ほどに減ってしまいました。残った少年たちは敗走します。飯盛山まで逃げてきた少年たちは、状況がどうなっているのかを確認するため、景色が一望できる場所に行きました。そこでお城を見てみたら……なんと、お城が炎上していたのです。

実際は燃えていなかったのですが、城下が火の海となっていたせいで、お城も燃えているように見え、勘違いをしたのでした。

「会津が負けた！」と絶望した少年たちは、「生き恥をさらすまい」と自刃を決めます。会津を守ろうと立ち上がった少年たちは、この勘違いによって悲劇的な最期を遂げることになってしまったのでした。

……というお話が白虎隊に関する通説です。

私は意外と幕末に詳しいです。その理由は、その頃に自分の過去世があるからです。といっても、過去世のことをすべてハッキリと覚えているわけではなく、断片的に覚えている程度です。幕末に関しては自分がいた時代ですから、とても興味があります。

ただし、興味があるのは大政奉還あたりまでで、王政復古くらいからは一気に関心が薄れ、なぜか明治維新に至ってはまったく興味がありません。ですから、江戸城無血開城や戊辰戦争などは、教科書に2〜3行書かれていたその程度のことしか知識がないのです。白虎隊という名前も一応知っていますが、少年の隊士たちが新政府軍に敗れて飯盛山で集団自決をしたという、知識はこれだけでした。会津藩に特別な関心もありませんでした。たまたま会津若松市を車で通過することになった時に、ナビに「会津武家屋敷」と書かれているのを見つけました。武家屋敷を何軒か保存しているのだろうと想像し、単純に古いお屋敷を見たくて寄ってみたのです。

そこはテーマパークのような雰囲気を持った施設でした。資料館もあったので、私のように会津藩についてよく知らない人が行くと、基礎を学べるようになっています。藩主の松平容保公は、京都守護職をしていて尊王攘夷派の弾圧を行なったことで有名です。私もそこはよく知っています。私の中では、新撰組の親分という印象です。

この資料館で知ったのですが、松平容保公は明治26年まで生きていました。日光東照宮の宮司もつとめたそうで、「へぇ〜！　そうだったんだ！」と驚きました。戊辰戦争で亡くなったというイメージがあったからです。

会津武家屋敷のメインの建物は、家老だった西郷頼母の屋敷で、この西郷頼母も明治36年まで生きています。幕末に新政府軍と戦ったけれど、藩主も家老も静かで平和な余生を送ったのだな、と思いました。

会津藩の藩祖が、徳川将軍2代秀忠公の四男（庶子）だったこともここで知りました。世の中の状況が刻々と変わっていくなかで、どうして最後の最後まで会津藩は幕府側だったのだろう、とそこがわからなかったのですが、「ああ、なるほど……」と私的に納得がいきました。

展示されているものを順に見ていくと、西郷頼母一族の女性と子どもが集団自決をしたことが説明されていました。鶴ヶ城（会津若松城）に籠城する男性たちの、足手まといにならないように……ということだったらしいです。西郷頼母本人は明治36年まで生きているので、この悲劇の詳細を読むのはつらくて素通りしました。

戊辰戦争の中でも、「会津戦争」と呼ばれるこの地での戦いの最後は、籠城だったそうです。1ヶ月ほど籠城で戦った会津藩でしたが、最終的には降伏をし、開城によって戦争は終結しています。

私は、籠城を知った時に、「あれ？　白虎隊の少年たちはどうして自決したのだろう？」と疑問に思いました。白虎隊が最後に、お城が燃えていると勘違いをしたことを知らなかったため、「籠城に加わればよかったのに。なんで死を選んだのだろう？」と不思議に思ったのです。

自刃の場は飯盛山という、お城から離れた山の中です。はて？　それはなんで？　どうして？　と興味を引かれました。

ここで会津藩の歴史の流れはわかったものの、白虎隊については謎も疑問も深まるばかりでした。もっと知りたい、と思った私は、その日の予定を変更し、少年たちが自刃をした飯盛山に行くことにしました。

「寂しげな山にひっそりとしたお墓があるのかな〜」

「無念！　と大勢が自害した場所に行くのは、やめといたほうがいいかも〜」

ややビビりつつ駐車場から歩いていくと、お墓への道の入口はお店がずらっと並んでいて、にぎやかで明るい雰囲気でした。道の途中に「白虎隊記念館」があり、資料がところ狭しと展示されていました。この施設の２階ではアニメも上映されていました。

このアニメを見て、白虎隊の自刃までの流れを知ることができました。さらに、会津藩の子どもたちがどのように育てられたのか、ということもわかりました。

会津藩には「什の掟」があったそうです。同じ町に住む6歳から9歳までの藩士の子どもは10人前後でグループを作ります。このグループが「什」です。ここでの掟は以下のものでした。

一、年長者（としうえのひと）の言ふことに背いてはなりませぬ
一、年長者にはお辞儀をしなければなりませぬ
一、嘘言（うそ）を言ふことはなりませぬ
一、卑怯な振舞をしてはなりませぬ
一、弱い者をいぢめてはなりませぬ
一、戸外で物を食べてはなりませぬ
一、戸外で婦人（おんな）と言葉を交へてはなりませぬ
ならぬことはならぬものです

藩士の子どもは10歳になると「日新館」に入れられます。この日新館にも心得があって、それを読むと、身分が上の人や両親を敬う立派な武士に育つようにと、丁寧にしつけられていたことがわかります。

まだ少年だったのに、みずから志願して戦いに参加した理由は、このように誇りある会津武士として育てられたからだったのです。

お墓に到着しましたが、手を合わせる前に自刃した場所に立ってみました。そこははるか遠くまで見渡すことができる山の上でした。そこからお城を見ようとしましたが……、

「えっと？　お城はどこ？　どこどこ？」

と、探しまくりました。遠すぎてよくわからないのです。私はどこにお城があるのか、見つけることができませんでした。帰宅して、写真を大きく拡大して、やっと「ああ、ここだったのか」とわかったのです。現地では、はるか彼方というくらい遠かったです。

自刃当時の城下は火の海だったそうで、煙と炎のせいでさらに見えにくかったと思われます。お城が燃えている！　と勘違いしたのは、こういう事情があったのだとわかりました。

●武士の鑑である少年たち

それから白虎隊士19人のお墓に行きました。

広場のようなところに墓石がずらりと並べられています。ここには、悔しいとか、無念だとか、ネガティブな念はまったくありません。スカッとしています。

並んでいるお墓の前には白虎隊士がいました。見えない世界でのお話です。全員、白い装束を着ています。白の裃姿です。資料で見た服装は、紺色のような濃い色だったので、どうして白い装束を身につけているのか聞いてみました。

すると、自決をする時は白装束と決まっている、それは武士としての作法なのに、その作法を守れなかった……というようなことを言います。急に自決を決めたため準備が何もできず、汚れた服で切腹したことが、武士として少し引っかかっているようでした。

「だから、今、これを着ているんだよ」

少年のリーダーらしき男の子が笑っていました。切腹の作法も教え込まれていたようで、装束を守れなかったことがほんのちょっぴり心残りのようです。

なんて真面目で、教えに忠実な子どもたちなのだろう、と思いました。

通説では、「お城が燃えている！　会津が負けたんだ、もう終わりだ……。ここで死のう」

と、〝絶望して〟自決を選んだことになっています。お城が落ちたから死を選んだわけですが……でも実際は、お城は燃えていません。

つまり、勘違い、早とちり、で死んだわけです。本人たちがそこをどのように思っているのかを聞いてみました（相手は少年なので、敬語ではなくあえてカジュアルに話をしました）。

「お城が燃えているように見えたの？」

「そう見えた。お城が落ちた、と思った」

「お城が落ちたから、会津の負けだ、敵に辱めを受けたくない、だから死のう、と思ったのね？」

「…………」

リーダーの子は一瞬、口を閉ざしました。複雑な表情です。

「下山しても周囲は敵ばかりだから、それならここで潔く死のうって、そういうことだったのね？」

と重ねて聞くと、

「そうじゃない」

キッパリと否定します。

「え？　違うの？」

リーダーの男の子が話をしてくれた内容は……こういうことでした。

お城が燃えているのを目にした時（事実は見間違いですが）、その炎の中で、自分たちのお殿様は切腹をしているはず、と少年たちは思いました。

なぜなら、お城が炎上しているのは、旗色が悪くなったお殿様が「もはやこれまで」と潔く負けを認め、敵にお城を渡さぬよう会津藩がみずから火を放ったのだろうと考えたのです。となると、お殿様が切腹をしていることは疑いようがありません。

もしも、敵が放った火でお城が燃えていたとしたら？　ということも考えました。この場合、お殿様は敵に捕らえられたり、首を取られたりすることをよしとしないはず、凛々しく御腹をお召しになっているだろう、という結論になりました。全員が疑うことなくそう思ったのです。

自分たちのお殿様は武士の鑑のようなお方であり、偉大な人物である、と信じていたので、どちらが火を放ったにせよ、切腹していることは間違いない、と確信したのです。

お殿様に殉じて自決をするのは藩士として当たり前……殉死をしない、という選択肢はなかった、迷いはなかった、と言います。

お殿様が潔く御腹を召しているのに、自分たちは切腹をせず、生き長らえるためにのこのこと山を降りて降伏をする……なんてことは、絶対にありえない！　のでした。

「それって、みんなで話し合ったの？　死ぬか、それとも降伏するか、みたいな感じで」話し合うことはなかったそうです。お殿様が切腹したと思った時点で、「では俺たちも」となるのは当然であり、「俺ら、どうする？」などと、話し合うことは思いも寄らなかったそうです。

全員が、潔く、迷いもなく、意志を固めているのです。

なるほど～、と納得しました。いくら少年でも、お城が燃えているから絶望して自決したという通説に、私としては違和感がありました。

しかも、お城が落ちたことで全員の意見が自刃で一致した、というところも謎でした。最後まで戦いたい、戦って死にたいという子のほうが多いように思ったのです。

事実は〝殉死をする〟で意見が一致したのですね。

まだ少年、まだ子どもですから、刃物で自分を刺すことを怖いと思った子もいただろうと思います。

「みんな、すぐに死ねたの?」

一番気になったことを聞いてみると、すぐには死ねずに、しばらく苦しんだ子もいたそうです。ああ、それは痛くてつらかっただろうな、かわいそうに……と涙が出ました。

時代が変わった現在、自刃したことについてどう思っているのか、そこも質問してみました。

「お城が燃えていると見間違えて、つまり、早とちりで死んでしまった、と思ったりする? お殿様は明治26年だったかな、そこまで生きておられたそうよ?」

「知ってる〜」

「知ってる〜」

リーダーも他の子も明るく笑顔で言います。

「え? それでも、自刃は性急だった、という後悔はないの?」

「後悔なんて、全然ないよ。何も後悔していない」

少年たちは爽やかに笑います。曇りのないその笑顔が純真で、輝いて見えました。

ズラリと並んだ白虎隊士のお墓

自決したことによって、会津藩の悲劇が世に知られました。もしかしたらこの事件のおかげで、新政府軍が100%正しくて、会津は賊軍だったという印象になっていないのかもしれない、会津は会津で幕府に忠誠を尽くしたことが、後世の人にわかってもらえたのではないか、と少年たちは分析しているのです。

自分たちの死が会津の名誉にひと役買っているのであれば、それは光栄であり、後悔などするはずがなく、早とちりだと思ったことは一度もない、とのことでした。

たしかに、当時の状況ではお殿様が切腹しているだろうと思うのは当然です。少年たちの認識では、自分たちはお殿様に忠誠を尽くしてあとを追い、武士道をまっとうしたのです。ですから、本当にさっぱり、あっさりとしていました。

悲劇の白虎隊と世間では言われていますが、本人たちはすがすがしいくらい、悟って、自決しているのです。どの子も素晴らしい忠義の武士です。純粋に主君を思う武士の鑑です。

自刃は自殺ですから、すぐには成仏が難しいのですが、ここを訪れ、心から供養をする人々のおかげで、少年たちの成仏は早かったようです。

白虎隊の悲劇は、これが真実です。会津のために、主君のために、という意識が強かった少年たちの、取るべき道だった自刃であって、決して勘違いからの絶望で死んだわけではありませんでした。

少年たちのお墓に行くと、非常にすがすがしく晴れやかな気分になります。全員がそのような気持ちでここにいるからです。真実を知っていることを伝え、武士として立派だったなどの感想を言うと、喜んでくれますし、「知ってくれてありがとう」とお礼も言われます。

少年たちは、成仏をサポートしてもらったことに今も感謝をしており、お参りに来てくれる人を今でもありがたく思っています。そのあたたかい気持ちも伝わってくるので、こちらもほんわかとした優しい気持ちになります。白虎隊のお墓はそのような、ある意味癒やしの場所でした。

●最後の隊士が墓場まで持っていったもの

最後に、ひとりだけ生き残った人物、飯沼貞吉さんについても書いておきます。

当時の貞吉さんは、年齢を偽って白虎隊に入っていたため、まだ15歳でした。飯盛山でみんなと一緒に死のうと、貞吉さんも刀をのどに突きたてます。しかし、急所を外したのか、致命傷にはならなかったようで、通りかかった人に救出されました。

貞吉さんは新政府軍に捕らえられましたが、長州藩士に引き取られています。その後、逓信省の通信技師として各地で勤務をし、日清戦争に従軍して、昭和6年にその生涯を閉じました。

貞吉さんは白虎隊について、一切何も語らなかったそうです。晩年になって、やっと重い口を開いた……と伝わっています。これは、死に損なった自分を恥だと思う気持ちがあったからでは？　と多くの人が推察しています。

私が思うに……もちろん、そのお気持ちもあったのでしょうが、真実を言えなかった……というのが、本当のところではないでしょうか。

自刃の理由を言うと、少年たちは殿様を思って潔く自害をしたのに、当のお殿様は切腹をせずに降伏した……と、主君が批判されるかもしれません。理由を言うことで、言外にお殿様を非難することにもなります。

それだけは武士として、会津藩士として、絶対にしてはいけない！　と思ったのではないでしょうか。相当苦しまれただろうと思います。

晩年になって貞吉さんが重い口を開いたのは、白虎隊の少年たちの美しい忠誠心を、主君を批判することなく後世に伝えたい、と考えたからかもしれません。

貞吉さんのお話によると、自刃の場では、このまま敵軍に突入して玉砕しようと唱える者と、入城を目指すべきであると主張する者とで、激論が交わされた、となっています。そして、敵に生け捕られることを避けようと、一同は自刃を決意した、と伝わっています。

この激論が交わされたのは死の直前ではなく、もっと早い時間……お城が燃えていると見誤る前のことではないか、と私は思っています。

本当の理由を世間に公表すれば、早とちりで死んだことになっている少年たちの名誉は回復します。殉死で自決しているからです。けれど、少年ですら立派に自害をしたのに、藩主の松平容保公は情けない……と批判する人も多く出てくるでしょう。

ですから、どうしても事実は言えなかったのだと思います。

ペラペラと主君の名誉を汚すことをしゃべったら、自分が死んだあと、あちらの世界に行った時に19人の仲間に合わせる顔がない、と貞吉さんは考えたのかもしれません。19人は忠義の武士ですから、お殿様の顔に泥を塗るようなことをしたら、許してくれるはずがないのです。

貞吉さんは生き残りということで、もしかしたら、死に損ないだの、わざと軽い傷ですませて生きながらえただの、心ないことを言われた日々があったのかもしれません。お城が燃えていると見間違えて死ぬなんて、白虎隊はマヌケだ、などと腹わたが煮えくりかえるような言葉を投げつけられたことも……あったかもしれないです。それでも本当の理由は、口をつぐんで一切言わず、墓場まで持っていったのです。

あちらの世界に帰って、仲間と再会した時の、貞吉さんも見せてもらえました。貞吉さんは当時の15歳の少年の姿に戻っていました。「よくやった」「よく我慢した」「大手柄だ」と、みんなにもみくちゃにされて、大歓迎されています。貞吉さんも嬉しそうに満面の笑顔です。

少年姿の貞吉さんは白虎隊士の一員として、飯盛山にいます。生き残った貞吉さんも、他の白虎隊士と同じく、忠誠心が美しい武士なのでした。

そこまで慕われていたお殿様の松平容保公は、この方はこの方で幕府や天皇に対する忠誠心があつく、誠実で一途なお人柄だったようです。晩年は質素に暮らしていたらしく、容保公の実兄である旧尾張藩主・徳川慶勝から、尾張徳川家相続の話が持ちかけられても辞退しています。

旧臣がその理由を尋ねたところ、

「自分の不徳から起こった幕末の動乱で、苦難をこうむった人々のことを思うと、自分だけが会津を離れて他家をつぐわけにはいかない」

と答えたそうで、少年たちが思っていたお殿様、そのままのお人だったようです。

白虎隊…飯盛山：福島県会津若松市一箕町八幡

義《よし》経《つね》社《しゃ》（富山）

●源義経が雨宿りをした義経岩

兄の源頼朝に追われる身となった源義経は、京都を出て奥州へと向かいます。その道中、この地を通過する時ににわか雨に降られました。一行は雨宿りをします。雨宿りをした場所が義経岩です。

弁慶が岩を持ち上げて、その下で雨宿りをしたという伝承があるので、地名が雨晴《あまはらし》となっています。歌舞伎の「勧進帳」のモデルである如意の渡しも近くにあります。

義経岩の上にはお社が建てられており、岩を登って参拝できます。

富山湾の海岸線を西から東に走ると、左手に海を見ながらのドライブを楽しめます。目に入ってくる海岸線を見るとはなしに見ていたら、前方に小島が見えてきました（実際は小島ではないのですが、この時はそう思いました）。

線路わきにある義経社の鳥居

小島の岩に大きな木が生えていて、「あ！　あの島に神様がいる！」とわかったのです。自然のデザインが芸術的に見えたので、「写真に撮りたい！」と思いました。この島を撮らなかったら絶対に後悔する！とまで思ったのです。

そばまで行くと、小島ではなく岩でした。海岸線ギリギリに線路が敷かれていて、岩はその向こう側です。もちろん駐車場などはありません。

車を停められないから降りて写真を撮るのは無理だな、と思ったら、通り過ぎてすぐのところにパーキングがありました。道の駅と書かれています。実は手前に道の駅の施設があったのですが、岩に気を取られていて気づきませんでした。この駐車場にありがたく停めさせてもらいました。

道路には横断歩道があり、線路には踏切もあります。そばまで行けるんだ！　と、ワクワクしながら近づくと、岩の上に小さな可愛いお社が設置されていました。「義経社」と書かれています。私は源義経について詳しく知らないし、たまたま見つけた神社ですから、由緒や伝説も知りません。どうして都からこんなに離れたところに義経社があるのだろう？　と思いました。

お社は大きな岩の上にあるのですが、お社の前で手を合わせられるように岩を削った石段が作られています。石段は傾斜がきつく、ちょっと怖いのですが、お社の真ん前まで登って行けます。

ご挨拶をして、「お社の中を見せて下さい」とお願いしました。中を覗くと、石像が入っていました。これが義経ってことなのかな？　と思いましたが、とりあえず岩から降りました。高い場所であるし、足場が狭いので怖いのです。

岩の上に建てられているお社

その時に、

「海岸に降りてみなさい」

と、言われました。驚くことに、このお社を担当しているというか、管理しているというか、神様として参拝者の面倒を見ているのは、海の神様なのです。ですから、お社で話したことや願掛けは海の神様が聞いています。願掛けを叶えるのももちろん海の神様です。

●岩と海の強力なパワーが蓄積された「海の神殿」

海の神様はお社にいるのではありません。海にいます。声は海から聞こえてきました。海岸に降りたほうが神様の声は聞き取りやすく、直接話ができます。会話がしやすいから呼ばれたのかな、と思ったら……お社の下はすごい岩場になっていました。

岩の下はなんと！　空洞になっているのです！　しかも、海側から見たら、神秘的な形状に浸食されており、3本の柱が岩を支えているように見えます。

「神殿だ！」というのが第一印象です。ひゃ～、すごいーーーーーーっ！　なんで有名じゃないのだろう？　と本気で驚きました。

3本の柱ができたのは、すべてが波の浸食なのか、大昔の人が岩をちょっとずつ削ったのか、そこはわかりませんが、どう見ても神殿なのです。3本の柱が大きな岩を支えていて、その岩の上にお社があるというわけです。

さらに驚いたのは、3本の柱の奥、岩の下部は、くぐれます。右から左に1本通っている道があるのではなく、やや洞窟っぽい感じで、右に行ったり左に行ったり、くぐり方が何種類かできるのです。

すごい、すごい、と中をくぐりまくり、奥まで行って岩を出て、海やはるか彼方にある島の写真を撮りました。さあ、戻ろうと、くるりと振り返ったら、そこが岩の入口でした。海から見ると、3本柱の左側です。

入口から正式に入ってみると、通路は左右に分かれていて、右が神殿正面へ行く通路で、左にも行けるようになっていました（こちらは昔、神仏が祀られていたのでしょう。聖域感がありました）。

岩が持つパワーに、海の強力なパワーが加わっているパワースポットです。正確に言えば、海のパワーをためまくっている神殿です。内部にためたパワー量がすごかったです。

岩の上に登るだけではパワーは感じられません。神殿のようになっている形状がパワーを蓄積しているので、ここに行ったら岩の下の神殿をくぐるべきで

海側から見た神殿の正面

くぐることによって海のパワーと開運効果を受け取れる神殿内部

す。あれこれと方向を変えて、何回かくぐるとパワーを多く受け取れます。

海のパワーは体内の水分の質をよくする、免疫力を高める効果があります。特にこの岩で受け取れるのは、長年にわたって蓄積された濃いパワーですから、病気予防や平癒に効果があります。しかも、なぜか開運効果まであるのです。

キャーキャーと歓声を上げまくっていたら、海の神様がニコニコして言いました。

「いいところだろう?」

「はい！　すごい場所ですね！」

神様によると、義経社は作られた当時から神仏は入っていなかったそうです。でも、信仰心の厚い人がせっせとやって来て手を合わせます。その姿を見ていると、放っておけない、と思ったそうで、この神様が代わって願いを叶えたり、話を聞いたりしています。

岩のパワーが素晴らしいことが知られていないので、たまたま通過しようとした私を呼んで下さったようです。「おっ、わかるやつが来たな」ということで、立ち寄るようにしたと言っていました。

久々のホームラン級のパワースポットでした。海の神様が人間のためにと、わざわざ教えてくれたパワースポットです。本当に価値のある場所で、もらえる効果も抜群です。お近くにお住まいの方は行かないのはもったいないですよ～、という海の神殿でした。

義経社…富山県高岡市太田27－1

氣《け》多《た》大社（石川）

●どっちに進むか迷う「おかえりの道」

伝承では、ご祭神となっている大己貴命はもともとこの地にいたのではなく、出雲から来られたとなっています。舟でやって来て、このあたり一帯を開拓し、そのままこの地に祀られて、現在ご祭神として鎮座しているというのが、氣多大社の由緒です。

それとは別に、ご祭神は大陸から来た異国の王子であり、従者を引き連れて来た、という説もあります。

いつ勧請されたのかということも諸説あるようです。

拝殿・本殿ともに歴史を思わせる造りで重厚です。千木があるお社ではありませんが、圧がすごいです。

神様が見えなかったので、とりあえずご挨拶をして、社殿の右側エリアへと行ってみました。そこには「入らずの森」という立ち入り禁止の神域があります。手前には「神の神域で神の氣を授かる」と書かれた「入らずの森詣」の案内がありました。予約優先と書かれていたので、当日でも参加できるのかもしれません。

柵のこちら側から入らずの森の奥を見ると、独特の静謐感で、なんともいえない世界が広がっていました。神様の威厳をじかに肌で感じられる、という森です。

拝殿・本殿の圧がここから感じられる一の鳥居

特徴から書いてしまいましたが、神社の入口から説明をしますと、まず一の鳥居があります。鳥居をくぐって進むと、神門、拝殿、本殿があり、そこから右手に行くと、入らずの森の入口があります。入らずの森は社殿の奥に広がっていますが、入口あたりも木々に囲まれた森林です。

入らずの森入口の右手に、さらに右奥へと進む道があります。「太玉《ふとだま》神社」と書かれた石碑がかたわらにあるので、その先に神社があることがわかります。けれど、境内社なのか、それとも近所の別の神社なのかが判断できず、行くかどうか迷いました。

太玉神社への参道と思われる道の手前には、「おかえりの道」と書かれた案内板がありました。案内板には矢印が描かれていて、氣多大社の入口方向を示しているのです。しかも矢印は赤ですから、かなり目立ちます。この奥は参拝順路に入っていませんよ〜、と言っているような矢印案内板なのです。

う〜ん、これって、ここから氣多大社の入口方向に戻れって言われているんだよね？と思いましたが、太玉神社が気になります。しかし、「おかえりの道」がわざわざ示されているところを見ると、太玉神社は境内社ではなく、別の神社なのかもしれません。

じゃ、行かなくてもいいかなと、くるりと向きを変えて矢印のほうへ進もうとしたら、

「おいおい」

と、声をかけられました。太玉神社の神様に、です。

「はい？」

「待て待て」

気さくに話しかけてくる神様です。

「話をして行かぬか?」

たまに神様から、このようなお誘いを受けることがあります。聞いてほしい自分の逸話がある神様もいますが、めったに人が来ないから寂しい、話をしたいという神様もいます。太玉神社の神様は後者のようでした。話をしていけ、と言います。

聞けば、太玉神社の参道手前に「おかえりはこちら」という意味の矢印が書いてあるので、ほとんどの参拝者はそれを見て、指示に従って「おかえりの道」へと行くそうです。

「見ていなさい」

そう言われて、少し離れた場所で見ていると、夫婦らしきふたりがやって来ました。入らずの森を見て、分岐点で右奥に行くかどうか迷っていました。けれど、案内板を見た瞬間に、本当にそのまま「おかえりの道」のほうへ行ったのです。

「おかえりの道」の案内板

太玉神社のお社。お社の向こうは行き止まり

そのあと女性3人組がやってきました。入らずの森を見ながら何かをしゃべり、分岐点で看板を見ると、あっさりと「おかえりの道」のほうへ行きました。

「本当に素通りするんですね～」

神様は苦笑しています。

実は、太玉神社のほうへ行くと、奥は行き止まりです。小さな社殿があって、そこまでしか行けないのです。歩いてきた流れでそのまま太玉神社へ行ってしまうと、またその道を戻ってこなければなりません（少し距離があります）。

案内板を作っていなかったら、けっこう奥まで歩いて行って、「え？　行き止まりじゃん」「ンモー、わかるようにしといてほしいわ～」となるかもしれず、神社としては仕方がないように思いました。もちろん、神様もそこは理解しています。

でも、もうちょっと人に来てほしいそうです。寂しがりやの神様なのかな、と思いました。

●話すことで気づいた本当の願い

「参拝してもらえるように、太玉神社のことを本に書きます。神社に何か特徴はありますか？」

「特徴か？　う〜〜〜〜ん、特徴なぁ……」

「特徴がないと紹介するのが難しいんです〜」

「ないかのぅ〜」

「ないんですね……。えっと、もうちょっと参拝者に来てほしいというのは、お願いをされたいということでしょうか？　神様が願いを叶えるお仕事をしたいから？　でしょうか？」

「願わなくてもよい」

「ここに来るだけでいいんですか？」

「ここで話をするだけでよい」

「えっ？　話？　うわぁ、それ、難しいと思います。私が書いたものを読んだ優しい読者さんが、自分でよければ行ってみようかな、と思っても、話をしなきゃいけないとなったらハードルが高いです。何を話そうかな？　うまく話せるかな？　と、困るかもしれません。というか、神様にうまく話ができないと悩んでいる人は意外と多いんですよ～」

「最近、楽しかったことはなんだ？」

「えっ？　私ですか？　最近楽しかったこと？　え～っと、何かな？　あ、先日取材で行ったところが温泉地だったんです。で、露天風呂つきのお部屋にひとりで泊まりました！　たまには自分にご褒美という意味で、こういう贅沢もいいかな～、と思ったんです。神様、お部屋に露天風呂があるんですよ！　テンションあがりまくりで、何回も入りました。朝も朝食前と朝食後に2回入りましたし～。本当に楽しかったです。高級化粧品のサンプルプレゼントもあったんですよ。レディースプランだったから」

「ほう」

「また露天風呂つきのお部屋に泊まりたいです。お金持ちになったら、毎回ああいうお部屋に泊まれるのかな～」

神様はニコニコと笑顔で聞いていました。

「私、温泉も好きですが、飛行機も大好きなんです。取材で朝イチの飛行機に乗るのが一番楽しいです。空港周辺に前泊して、前の晩からウキウキワクワクしてですね、早朝に空港でチェックインをしたら、北ウイングの朝ご飯屋さんで朝食を食べて、それから搭乗するのが、最高のイベントなんです！」

「ほほう」

「旅行が大好きです。あ、でも、これもあと何年できるかなぁ。ひとりで安全に旅行ができる、ひとりで難なく山登りができる、ひとりで海外に行けるのは、あと15年くらいでしょうか？　もしかしたら10年かもしれません。それも健康だったらの話ですから……病気になったり、足腰を痛めたりしたら、ひとり旅は難しいと思います。ましてや海外旅行など絶対に無理でしょう。10年もないかもしれないですね。ひとりでどこへでも行って、無事に帰ってこられるのはあと5年？　あ〜、なんだか不安になってきました〜。健康が第一ですね。それを思うと、今健康でいられることが、どれほどありがたいのかがわかります。できれば、死ぬその日まで健康でいたいです」

「それが望みか？」

「はい！」

そう答えたところで、ハッと気づきました。私の本当の願いは「健康」なのです。最初に温泉の話をしていた時は、また露天風呂つきのお部屋に泊まりたい、みたいなことを思っていました。

そこでもし、願いはなんだ？　と聞かれたら、そのまま言っていたと思います。「また豪華露天風呂つきのお部屋に泊まれますように」と。

けれど、思いつくままにどんどん話をしていくと、自分でも気づかなかったものが見えてきたのです。

●グチも続けていると解決することもある

ここで思い出したことがあります。

いつだったか、取材の途中で元夫（事情があって離婚をしましたが、人生のパートナーとして今でも仲良しです。離婚理由については『神仏に愛されるスピリチュアル作法』（PHP研究所刊）という文庫本に書いています）と、大ゲンカをしたことがあります。

プリプリと怒りまくっていた私は、神社で神様にグチを聞いてもらいました。

「元夫ったら、こうであって、こんなことを言うんですよ！　神様、どう思います？　だったら、こうすればいいじゃないですか！　それを私に文句を言ったりして……」

思いっきりグチを連ねていると、元夫が極悪人のように思えてきました。もしかしたら、神様はそう受け取っているかもしれず、あら？　これってやばいのでは？　と思いました。

「あ、でも悪い人じゃないんです」とあわててフォローを入れ、「こういう優しいところもあって」と神様に説明しつつ、「でも、今回はひどいです。ああいう言い方をしなくてもいいと思います！」と続くわけです。

そしてまた、極悪人ではありませんよアピールとして、「でも、たまにこういう親切なこともしてくれます」と、フォローを入れていました。

こうして、思いつくままにどんどん話（グチとフォロー）をしていくと、ケンカでイライラしていて、見えていなかったものが見えてきました。「元夫の本質は優しい人なんだから、細かいことにこだわらなくてもいいんじゃない？」という気持ちになり、「それもそうだな、ま、いいか」と、結局自分で解決したのです。

いろんなことを長々と語ることには、そのような効果があります。悩みを人に細かく話すだけで考えがまとまり、よい答えが見つかる、というパターンもあります。

神様にお話をするのは、人間相手に会話をするわけではありませんから、こういうことは伏せておいたほうがいいとか、個人情報だから言わないほうがいいなどもありません。すべて正直に、ありのままを全部話せます。

●聞き上手な太玉の神様

そこで神様が言いました。

「話をすることで、真の願いに気づくこともある」

たしかにそうだ、と思いました。心の中にあるものを言葉にして、どんどん出していると、見えていなかった心の底にあるものに気づいたりするのです。

私の場合、長々と話をしていなかったら、うっかり「また露天風呂つきのお部屋に泊まれますように」と言っていたかもしれず、もしかしたら願いが飛躍して「お金持ちになれますように」と言っていたかもしれません。それは真の願いではないのです。

話をするだけでよいと神様が言ったのは、このような理由があったのですね。

太玉の神様にお話をすることで見つけた願い事は、太玉神社でお願いしてもいいし、氣多の神様にお願いしてもいいそうです。そこはこだわっていないと言っていました。

「こういう参拝の仕方もいいですね～」

まず、楽しかったことを神様にお話するのです。楽しく感じたということは、自分の興味があることなので、そこから話が広がります。広がるままに話し続けていると、自分が意図しない方向に話が進んで、発見があったり、納得することがあったりするわけです。

そこで、神様にお願いしたいと思うことが出てくるかもしれないし、話をすることで自分の中で何かがまとまるかもしれません。スッキリとストレスが解消されることもあると思います。

太玉の神様は、「おかえりの道」の案内板のところまで送ってくれました。

「ワシは参拝者をここまで迎えに来る。だから、ここから話をしても横で聞いている」

「わかりました！　そう書きます！」

「うむ」

優しくて、人なつっこい神様です。初めは寂しいから話をしてほしいのかな、と思いましたが、違うのですね。ごりやくをさりげなく渡したかったのです。

この神様は聞き上手ですから、たくさん話をすることができます。多くを語らせることで、本人に気づきを与えたり、心を平安に整えたりするのです。そこで見つけた願掛けを叶えてくれることもあります。

「聞き上手と言われても、私には神様の声が聞こえないので、反応や相槌がわかりません」

と思うかもしれませんが、大丈夫です。魂はわかっていますから、どんどん話が広がります。

何かに悩んでいたり、落ち込んでいたり、出口が見えないような時は、さりげなくありがたいサポートをしてくれるこの神社がおすすめです。

●ご神気は自分で持ち帰るシステム

「おかえりの道」を進むと、「菅原神社」がありました。2礼2拍手1礼だけでもしておこう、と簡単なご挨拶をしたら、神様が出てこられました。平安時代の貴族の服装をした男性の神様です。

「すみません、すぐに拝殿のほうに行きます。ここのご祭神のことが、まだわかっていないんです」

「山の神だ」

「私の言葉で言えば、山岳系の神様ですか?」

「そうだ」

太玉の神様にも「ここの神様のことがわからないんです」と、同じことを言ったのですが、その時も「山の神だ」と言われました。いつもいるわけではない、とも言っていました。

「おかえりの道」から出口へと向かわずに、もう一度拝殿に行きました。

そこで神様を呼びまくりました。するとやっと来てくれたのです。どっしりとした、大きな神様でした。人間に気を使うとか、優しくしてあげようとか、そういう神様ではありません。威厳のある、「ザ・神様！」みたいな感じです。本殿の奥にどーんと座っていて、人間が来ると「お？ なんだ？」とチラリと見る、そんなイメージです。

山岳系の神様で合っているか確認をしたら、低い声で「うむ」と返事をしてくれました。機嫌が悪いわけではありません。威厳がありすぎるのです。神格も高いです。

「山岳系神様ですから、龍とか従えておられるのでしょうか？」

「見たいか？」

「はい」

その瞬間に、ふわーっ！ と、柔らかいけれど波動の高い風が頭上から吹いてきて、緑色と青色の大きな龍がやって来ました。2体の龍は拝殿の上空にいる神様の、左右（神様をはさんでいます）に、顔を静止させました。

ひゃ〜、大きい！ と驚くほどのサイズです。巨大な龍を2体持っている神様です。龍はどちらもご祭神になれるほどの神格の高さで、パワーもあります。眷属でいるのはもったいないのでは？　と思ったくらいの龍神でした。

この神社で授与品を買うと「気」と書いた紙をくれます。「氣多大社」ですから、「気」推しの神社なのです。

「この神社では神様の『気』をもらえるのですか？」

「おぉ、持って帰れ」

ん？　いただけるのでしょうかと聞いたら、持って帰れ、と言われました。与えてくれるのではないようです。自分で持って帰るのです。そこをつっこんで聞くと、この神社に漂っているご神気は自分で持ち帰るシステムだそうです。

どうやって？　と思いますよね、私もそう思ったので質問をしました。

人間の意思にはパワーがあるので、それを使え、とのことです。「もらおう！」という気持ちになればいいそうです。もらうぞ！　と強く思うことで、魂が受け入れ状態になります。そしてその意思を示したら、しっかりとゲットできるように、神様のほうで細工をしているのです。霊能力があるかどうかは関係ないので、その心配はいらないそうです。

独特の静謐感が漂う「入らずの森」の入口

授与所には縁起物がありました。

「開運にも力を入れているのでしょうか？」

「それは人間が勝手にしていることだ」

あっけらかんとした返答です。でも、この神社の縁起物の価格は良心的でした。とても大きな熊手があったのですが、え？　こんなに大きくて、こんなに飾りがついているのにこの値段？　本当にいいの？　と驚きました。他のところで買ったら、確実に倍の値段はすると思います。買うかどうかさんざん迷いましたが、持ち帰る手段がなかったので、泣く泣くあきらめました。

開運のごりやくには専念していないそうですが、山岳系の強い神様なので、願掛けは何でも叶います。シャキッとした性質の神様で、境内に流れる凜としたご神気が心地よかったです。

そして非常に珍しいのですが、ご神気は持ち帰るための工夫がされています。

いただく量によって日持ちが違うので、たくさんいただいて帰ることがおすすめです。

両手を前方に90度曲げて、手のひらを上に向けたポーズをすると、ご神気をたっぷりといただいて自分に蓄えることができます。境内だったら、どこでもちゃんともらえるので、入らずの森にこだわる必要はありません。

氣多大社…石川県羽咋市寺家町ク1−1

養《よう》老《ろう》の滝（岐阜）

●孝行息子にもたらされたお酒が湧く泉の伝説

昔、この地域に父親とふたりで暮らしている、とても親孝行な息子がいました。父親は高齢で病気がちであるため、働くことができません。息子は父親の分まで一生懸命に働いていましたが、暮らしはラクではありませんでした。

父親はお酒が大好きなので、たまに飲みたそうにしています。そんな父親を見て、親孝行な息子はお酒を買ってあげられないことを心苦しく思っていました。父親にたくさんのお酒を飲ませてあげたい、と頑張って働きます。

そんなある日のことです。息子は偶然、山で泉を見つけます。泉の水を飲んでみると、なんとそれはお酒でした。お酒が湧いているのです。息子はさっそくそれを持ち帰り、父親に飲ませました。父親は大喜びです。

息子は喜ぶ父親のために、毎日せっせとお酒を持ち帰りました。大好きなお酒を毎日飲めるようになった父親は次第に体調が回復していき、驚くほど元気になりました。

この噂を聞いた元正天皇は泉を見に行きます。そこでお酒が本当に湧いていることを確認し、泉を「養老の滝」と名づけました。年号も養老と改め、孝行息子を美濃守に任じたということです。

これは『古今著聞集』と『十訓抄』に記されているお話です。


テレビで日本酒ができるまでの工程を何度か見たことがありますが、大変な作業です。手間をかけないとできないお酒が、地面から湧くというアイデア……これはいくら昔話でもすごいなと思いました。

どうしてそんな物語ができたのだろう？　と大いに興味を引かれます。お酒が湧くという発想はなかなかできないように思うので、そこには何か特別なストーリーがあったのかもしれません。

養老の滝にいつか行ってみたいと長年思っていたのですが、なかなかチャンスがなく、一度だけ近くを通ったこともあるのですが、タイミングが合いませんでした。なので、私の中では幻の滝でした。

この本のテーマは、興味深い「伝説」や「由緒」です。養老の滝を取材しないでどうする、というほどテーマに沿っているので、さっそく行ってきました。

先入観を持つことを避けるため、事前にほとんど何も調べない私は、Googleマップで検索したパーキングに車を停めました。滝へ行くには傾斜のきつい石段を降りるパーキングだったので、帰りは登りになります。足腰や膝が弱いという人は、この駐車場はちょっとつらいかもしれません。

滝へは下から歩いてくる人のほうが圧倒的に多かったです。「?」と思ってよく調べると、滝のふもとには「養老の滝入口大駐車場(無料)」がありました。こちらは「養老神社」や「養老寺」、「不老ヶ池」のそばを通って、いくつかの橋を経由し、滝まで行くコースです。散策も楽しそうです。

●狛岩がある強力なパワースポット

滝のそばには看板がありました。そこにはこう書かれていました。

【養老の滝は、「日本の滝百選」並びに環境庁の「名水百選」に選ばれている名瀑、名水です。また、水がお酒になった親孝行の「養老孝子伝説」など故事来歴のある優れた霊水です。

奈良時代、元正天皇は「万病を癒す薬の水」との報告を受けられ、美濃の国多度山の美泉に行幸されました。

史書「続日本紀」に記述されている元正天皇のお言葉があります。

「自分で手や顔を洗ったら、皮膚はつるつると綺麗になり、痛むところも治った。また、この水を飲み、浴した人は、白髪も黒くなり、はげた髪も新しく生え、見えにくくなった目も明るくなった。めでたいことです。この水は、真に老を養う若返りの水です」

元正天皇は、「醸泉は、美泉なり。以て老を養うべし、蓋し水の精なればなり。天下に大赦して、霊亀三年を改め、養老元年と為すべし」と詔なさって、西暦717年に年号を「養老」と改められました。

名水百選「養老の滝・菊水泉」の「菊水泉」は、滝から約500m下の養老神社境内にあります。今では、滝と泉が上と下に分かれていますが、もともとは滝の瀬として一つの流れでした。

養老山から流れ出る水は、石灰岩層を浸透してきたもので、炭酸分やミネラルを含み爽やかで甘美な水です。元正天皇がお言葉された「長寿、若返り、健康」の霊水でもあります。】

狛岩の入口手前から見た養老の滝

　駐車場からバタバタと石段を降りて滝に到着し、なになに？　と急いで読んだので、最初の部分が目に入りませんでした。元正天皇は「万病を癒す薬の水」との報告を受けた、「長寿、若返り、健康」の霊水である、というところだけしか頭に入っていません。

　私の特技はうろ覚えと早とちりです。ここでも落ち着いて再読をすることなく、

「えっ！　親孝行息子が見つけたお酒の泉って、ここじゃないんだ！」

　と、愕然としました。はるばるやって来たのに、別の泉の伝説をここだと勘違いしていたのか〜、うへ〜、おバ

カ〜、と頭を抱えました。やや半泣きになったことも正直に告白しておきます。

滝は強力なパワースポットでした。おぉ〜、これはすごい、と思わず感嘆の声が出たほどのパワーです。

滝の周囲はパワースポットでありながら、神社のような神域でもあります。神様の波動が空間に満ちていて、神社の境内と言ってもいいくらい、神聖な場となっていました。

滝の手前には大きな岩が狛犬のように2つ並んでおり（実際に狛犬の働きをしていました）、その間を通行できます。狛岩にはしめ縄が張ってあり、ここから先が神域です。天然の岩がそのような働きをしているのが驚きでした。

ここが参道の入口ですから、滝のそばに行くのはこの岩の間を通ります。滝の神様に対して正式な参拝となります。

滝の水は聖水でした。「ちょっとだけでもいいから、さわりたい」「この水で簡易禊をしたい」と思いましたが、水をさわれる場所がありません。滝から少し下のほうへと歩いてみたのですが、水にふれられる場所はありませんでした。

もしかしたら、もっと下へ行くと、どこかでさわらせてもらえたのかもしれませんが、駐車場へ上がる道から遠くなるので、ある程度のところまで行ってあきらめました。

もしも、養老の滝入口大駐車場からのコースに、さわらせてもらえるところがあれば、手をひたしたり、頭頂部に数滴たらしたりするといいです。滝の神様のパワーで浄化されて、スッキリと爽やかになります。伝説で言われているような、老いを養う作用もあるかもしれません。

●神様が語ってくれた養老の滝の真実とは…

改めて神様にご挨拶をし、滝に向かって祝詞を唱えました（多くの観光客がいるところで、さすがに合掌する勇気はなく、柏手だけを打って、祝詞は合掌なしで声だけで唱えました）。ここの神様は山の神様です。

早とちりをしたままの私は、養老の滝は若返りの水として有名なのだと思っています。なので、このような説明をしました。

「神様、私がここに来たのは、お酒の泉が湧いていたという伝説を読んだからです。親孝行な息子がそのお酒を持って帰って父親に飲ませた、というお話について、もっと詳しく知りたいと思いました。でも、私の勘違いだったみたいです。この伝説の舞台はここではなかったのですね。養老の滝は若返りの水として有名なのだと、あそこに書かれていました」

神様はニコニコと優しく微笑み、

「孝行な息子がいたことは事実である」

と言います。

「え？　実話なのですか！　ええっ？　お酒が湧いたというのが実話？　いや、そんなことはありませんよね」

「うむ。酒が湧いた、というのは違うがの」

神様は穏やかにほろほろと笑い、実際にあったエピソードを教えてくれました。これがものすごく感動するお話で——せっかくなので、物語っぽく書いてみます。

その昔、山のふもとの村に、人一倍親孝行で心根のよい息子がいました。高齢の父親とふたりで暮らしています。

父親はすでに足腰が弱くなっており、杖をつかなければ歩くことができません。いつもどこかしら調子が悪く、咳が止まらなかったり、倦怠感で起き上がれなかったりして、当然のことながら働くことはできません。

息子は父親の分もせっせと働きますが、暮らしはラクではなく、苦しい生活をしていました。


しかし、そんな経済状態でも、息子は貯金をしていました。自分の食べる物をこっそり節約して、わずかな額を貯めていたのです。というのは、父親が大のお酒好きだからです。

父親がまだ働いていた頃は、時々お酒を飲んでいました。陽気なお酒で、父親は酔うと歌ったり踊ったりして、とても楽しそうでした。息子はその様子を見るのが好きでした。お酒を飲みながら死ねたら本望だ、と言っていた父親の笑顔を、息子は忘れることができません。

貧しくなった今、父親はお酒を飲みたいとはひとことも言いません。自分が働いていないこと、高齢の自分が息子のお荷物になっていることに罪悪感を覚えているのです。朝から晩まで必死で働いている息子を見ていると、お酒を飲みたいなどと言える立場ではないと思っています。

息子は素直で優しい子です。もしも、お酒を飲みたいと言えば、なんとかして買ってくるでしょう。ただでさえ、しんどい思いをさせているのです。息子を苦しめるそのひとことは決して言ってはいけない、と父親は自戒しています。

息子はそんな父親の気持ちを痛いほど理解していました。いつか父親にあの笑顔を取り戻させてあげたい、お酒を飲ませてあげたい、と考えていました。それで、爪に火をともすようにして、自分だけが節約をしているのです。節約していることを父親に悟られないよう、気づかうことも忘れません。

そうこうしているうちに、父親の体調が悪化しました。咳がひっきりなしに出て、微熱が続きます。食欲がなくなり、寝てばかりになりました。

ああ、これはもう長くないかもしれない、と息子は覚悟をし、それまで一生懸命に貯めていたお金を全部使って、お酒を買えるだけ買いました。そこそこの量の、よいお酒を買うことができました。

ここで息子は考えます。

せっせと貯めていたお金で買った、というと、父親は返してこいと言うに違いありません。「もうすぐ死ぬワシのためにそこまでしなくていい」というのが最近の口グセなのです。

「酒を返したその金で、お前がうまいものを食え」と言って、譲らないようにも思いました。そういうところは頑固な父親なのです。

もしかしたら、謝るかもしれない、と息子は思います。「もうすぐ死ぬワシのために大事な金を使わせてすまない」とか、「生きていて申し訳ない」などと言われたらたまりません。父親に謝罪をさせることは、あってはならないことです。

息子は知恵をしぼります。

お酒を持って帰宅した息子は父親にこう言いました。

「おっとう、驚くなよ！　神様がな、水を酒に変えてくれたんだ！」

近場の水がお酒に変わったと言うと、嘘が簡単にバレてしまいます。なので、わざと遠くの、それも山奥の泉でそれが起こった、ということにしました。

父親はとても信仰心の厚い人なので、その話を嘘だとは思いませんでした。神様が自分のためにそうしたのではなく、働き者で心根のよい息子にプレゼントをしてくれた、と思ったのです。息子は神様にそこまでしてもらえる人物だからです。

「ありがたい」「ありがたい」と、父親は涙を流しながらお酒を飲みました。一度に飲んではバチが当たるということで、毎日、少しずつ口にしました。

大好きなお酒を飲める喜び、与えてくれた神様と息子への感謝、この恩を無駄にしてはいけない、生きなければ！　と思う気持ちで、父親はだんだん元気になっていきます。息子をひとり残して死ねない！　という思いもありました。

お酒は百薬の長と言われるくらいですから、そちらの作用もあって、父親はみるみるうちに健康を取り戻します。


この息子と父親の話を、どうしてここまで神様が詳しく知っているのかと言いますと……息子がここまで来たそうです。

わざわざ山を登ってやって来て、滝の前で息子は神様に詳しく話をしました。

「お酒を買ったことで、父親につらい思いをさせたくありません。お酒を心から美味しいと思って飲んでもらいたいのです。そこで、湧いている水がお酒になった、神様がお酒にしてくれた、と嘘をつくことにしました。水がお酒に変わったのは、この場所で起こったことにします」

神様は黙って続きを聞きました。

「ここにいる神様、ごめんなさい。嘘をつくことをどうか許して下さい」

息子は嘘をつく前に、直接謝罪に来ていたのです。

神様は微笑みながらうなずき、

「うまい嘘を考えたな」

と声をかけたそうですが、残念ながら届いていなかったそうです。


心あたたまるお話ですね。

養老の滝はこの神様のパワースポットです。滝ではあたたかいご神気や波動をいただけます。滝を見ながら、親孝行息子と父親のエピソードを思うと、心がほっこりとなごみます。


養老の滝…岐阜県養老郡養老町高林1298−2

第2章 西日本編

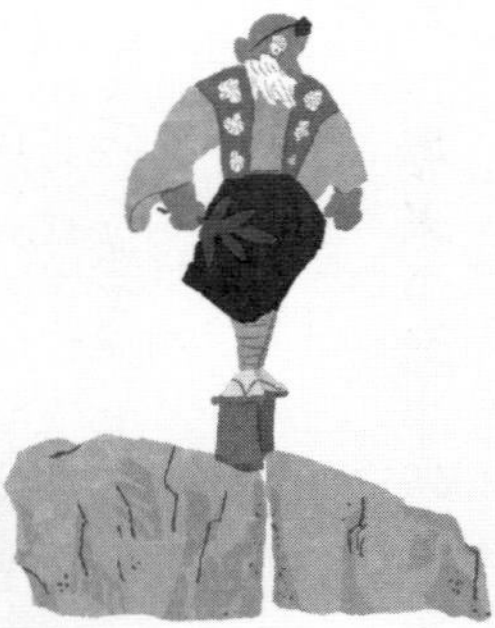

1 多度大社（三重）

2 阿賀神社〈太郎坊宮〉（滋賀）

3 橋姫神社（京都）

4 知恩院（京都）

5 蟻通神社（和歌山）

6 闘雞神社（和歌山）

7 稲生神社（広島）
8 國前寺（広島）
9 鰐淵寺（島根）
10 大山祇神社（愛媛）
11 高祖神社（福岡）
12 與止日女神社（佐賀）
13 八幡竈門神社（大分）

多《た》度《ど》大社（三重）

●多度山に古くから伝わる白馬伝説

神社の公式ホームページに書かれている伝説です。

【白馬伝説（しろうまでんせつ）

多度山は昔から神が在わします山と信じられ、人々は、農耕に恵みの雨を乞い、出生に安産を祈るというように、日々の暮らしの平穏や家族のしあわせを祈り続けてきました。

その願いを神に届ける使者の役割を果たすのが、多度大社に１５００年前から棲むといわれる白馬です。

古来より神は馬に乗って降臨するといわれるように、神と馬との関係は深く、馬の行動を神意のあらわれと判断するところから、多度大社でもその年の豊作、凶作を占う「上げ馬神事」を毎年5月4日5日の多度祭で行っています。

かつて、多度山の小高い丘の上には、遠くに広がる街並みを見はるかせ、人々の折節の喜怒哀楽を静かに見つめている白馬の姿がとらえられたと聞きます。
天翔る馬には翼を与えたように、その姿を変えて神の懐へと走り去ると、人々の幸せや出会い、喜びを乗せて、再びこの地へ舞降りてくると語り伝えられています。】

ゆうれい飴伝説の取材で三重県にある浄土寺へ行き（残念ながら何もわからずで取材は不発に終わりました）、そこから養老の滝に向かう途中で寄った神社です。

有名ですし、読者さんからリクエストも来ていたので、ちょっと寄ってみよう、と気軽な感じで参拝しました。ですので、予備知識は一切なしの状態でした。

本宮横にある小川に架かった橋を渡って本宮エリアへ

駐車場から行くと幅の広い石段があり、その左側にご神木があります。立派なご神木だな〜、と思いつつ上へと行きます。石段を上がったところは広場のようになっていて、中央に摂社「新宮社」がありました。

私はここで……石段の最後のひとつを上がったところで、少し向こうの上空に、真っ白い馬の神様を見ました。由緒も伝説も、何も知らないのですから、伝説と一致していることに気づいていません。白い馬が神様なのか〜、珍しいな、と思いました。

神々しく光っている大きな白馬でしたが、馬なので、一の眷属かもしれない、とも考えました。しかし、一の眷属にしてはパワーが強大すぎます。神格も高すぎます。やっぱり神様だ、と確信しました。

広場の左側にはお社のような作りの神馬舎に、本物の白馬がいました。普通は馬の人形というか、置物が置かれています。生きている馬がいるのは、まだ数社しか知りません。これも珍しいです。

この神社って、どういう神社なのだろう？　と、興味が湧いたところで、「白馬伝説の由来」が書かれた看板を見つけました。

白馬の伝説があると知って、さらに目の前には、本当

風が吹くと御幌が舞い上がり濃いご神気をいただける本宮

に白馬の神様が見えていたので、世の中には正しく伝わっている伝説もあるのだな、と思いました。

そこには白馬は神様のお使いとして書かれていましたが、実際は神様です。大昔に見える人がいて、白馬のお姿を見たものの、馬ですから、神様を乗せる神馬、眷属だと思ったのかもしれません。

キツネ姿のお稲荷さんもいるし、たぬき姿の神様もいます。動物に見えるお姿の神様は他にもいるので、白馬でも違和感はありませんが、馬は珍しいです。多くはありません。

多くの人が集まっていた神馬舎

●神馬が白いのはなぜ？

広場の奥へと進むにつれて、神域度が増していきます。いくつかの境内社を通り過ぎると、於葺門があって、そこをくぐった右側に本宮エリアがあります。エリアの手前に小川が流れており、その上流というか、向こうのほうには小さな滝がありました。

本宮は別宮と向かい合わせに建てられていて、本宮エリアにはふたつの社殿があります。どちらの社殿にも大きな白い布の御幌《みとばり》が掛けられていました。それが風に吹かれて、時折ひるがえります。ふわっとめくれると、その隙間から濃いご神気が流れてきます。ご神気は山から流れており、厳かな雰囲気を作っていました。

本宮でご挨拶をすると、神様がスッと来られました。どうやらいつもは山のほうにいるみたいです。私はここで知ったのですが、馬の神様は力のある龍神に近く、自然霊としてのパワーが大きいです。

そして龍神と同じく、ややクールです。ベラベラしゃべったりしません。聞いたことには答えてくれますが、積極的に会話をしないのです。なので、何をどう質問するかで得られる情報が違います。

まず神馬について聞いてみました。

「神馬って白くなければいけないのでしょうか？」

「白でなければ、神がじかに乗れない」

「え！　そうなんですね！」

そういえば……と思い出しました。鹿島神宮の資料館で見た絵もそうでした。鹿島神宮から春日大社に神様をお連れする時に、神様が乗ったとされるのは、たしか白い鹿だったように記憶しています。

神様がじかに乗るのは白でなければいけないそうですが、神様がお鏡とかおふだとか、何かに宿っている場合、その〝ご神体〟を乗せるのは、黒を除き何色でもいいそうです。

神様のお使いが白馬なのは、じかに乗ってもらう馬だから、ということみたいです。

へぇぇ〜、と勉強になりましたが……心の中で、神様は馬に乗らなくても、一瞬でどこへでも行けるのでは？　とチラッと思いました。その瞬間、神様は私を見て笑っていました。

「昔からこのあたりの山にいらっしゃったのですか？」

「そうだ」

ここで、大勢の団体さんがぞろぞろとやってきました。本宮エリアは広くはありません。なので、次の人たちに順番を譲るべく、私は本宮エリアから出ました。

●天を駆けめぐる白馬の神様には立身出世の願掛け

表参道の横には細い脇道があります。帰る時はこっちを通るのかな、と歩いていると、川へと降りられる階段がありました。「しろうま水籤はこちらの清流にて水に浸し、みくじ掛けに結んで下さい」と書かれています。

水辺に行ってもいいのね、と階段を降りると、川に手をひたせるようになっていました。この川の水は神聖ですから、禊になります。ありがたく水をさわらせてもらいました。

そこで、ふと横を見ると、見えない世界の白い子馬がいました。じーっと私を見ているのです。神様の眷属なのですが、まだそんなに力がないため子馬に見えます。眷属も白馬なんだ！　とビックリしました。どうやら神社後方の山には眷属の白馬がたくさんいるようです。

お稲荷さんがたくさんいる山があったり、狼の眷属が多くいる山もありますし、大分県には白い鹿の眷属がたくさんいる山もあります。そういえば、白い豚も見たことがあるなぁ、と思い出しました。

修行を頑張って霊能力が上がっていくと、いろんな階層が見えてきます。神様の世界がどんどん広がっていくのです。面白いな〜、としみじみ思います。10年前、5年前までは見えなかった、わからなかったことが、今はハッキリと見えたり、わかったりするのです。

神様のほうから招待してくれることも増えており、神様の世界の解明が少しずつですが進んでいます。神様然とした神様ばかりではなく、いろんな神様がいて、そのような神様に会いに行くのは楽しいですし、勉強になります。

多度大社の正式な参拝は、川で手を清めてから本宮エリアに入ります。小川の上流は滝になっていて、本宮の横を流れてご神気を拾っているため、とても清い水です。

ありがたいことに、ここは伊勢神宮内宮のように、天然水で手を清められる神社なのです。水でいただくご神気に体がなじんで、自分の波動も上がりますから、それから本宮に行ったほうが多くのものをもらえます。私は手を清めてからもう一度本宮エリアに行きました。

白馬の神様は巨大な龍なみのパワーです。たくさんの波動をいただいて帰ることがおすすめです。

神様がよく見えるのは、最初の石段を上がった広場です。そこから神社奥の上空に見えるので、見る練習をするのもいいと思います。本宮ではお姿を見づらいのですが、ここはお姿を見るよりも神様自身を感じる場所です。

願掛けはなんでもいいそうです。天を駆けめぐる白馬ですから、立身出世やビジネスなどで「成功する」ごりやくがあります。運気を上げることにも強いです。

有名だからちょっと寄ってみようかな、と行ってみたら、想像をはるかに超えた神様がいたという神社でした。

多度大社…三重県桑名市多度町多度1681

阿《あ》賀《が》神社〈太《た》郎《ろう》坊《ぼう》宮《ぐう》〉（滋賀）

●巨大な夫婦岩の驚くべき作用

欽明天皇の時代から、巨石を磐座《いわくら》として祭祀が行われていたのではないか、と言われている神社です。創建して１４００年がたっており、聖徳太子が国家の安泰と万人の幸福を祈願したという伝承もあります。

延暦18（７９９）年には最澄さんが、薬師如来を本尊とした成願寺を阿賀神社の神宮寺として建立しています。その時に赤神山に住んでいた天狗が、山の守護神として現れたそうです。

境内にある巨大な夫婦岩は、岩と岩の幅が80センチしかなく、昔は岩の間に天狗がいるので人間は通れない、と言われていました。現在は心根のよい人だったら通過すると願掛けが叶い、心根のよくない人は岩に挟まれる、という伝説になっています。

太郎坊宮の太郎坊というのは、ご祭神を守っている天狗の名前です。

駐車場から表参道を歩くと、石段が急勾配でビビります。けっこう長い石段で、「え？まだ？　まだ登る？」という感じです。長い石段の神社やお寺はそこそこありますが、ここは傾斜がきついこともプラスされているので、しんどさ倍増です。

かなり上まで行くと、右手にお稲荷さんの赤い鳥居とお社がありました。「赤神山稲荷社」と書かれています。

お稲荷さんに関して言えば、夫婦岩の手前に、石段を数段登って参拝する稲荷社があります。こちらのお稲荷さんは山のお稲荷さんなので、かなり強いです。ピシッと座っている狛狐からして迫力が違います。願掛けをするのなら夫婦岩の手前にいるお稲荷さんのほうが叶いやすいです。

有名な夫婦岩は、岩がふたつあるだけ、という平凡なものではなく、空に向かってそびえるほどの高さがありました。パワーある巨石です。どれどれ？　と幅80センチの隙間を通過してみたら、スーッとした高度な浄化をしてもらえました。悪いものが全部落ちます。もしも、幽霊とか「魔」に属するものが憑いていたとしても、スッキリとすべてクリアになるのです。自分がよくないことを考えたり、よくないことをしたりして、魂に黒いシミがついていても、一瞬で消えます。

阿賀神社後方にある神聖な山「赤神山」

とにかくひとことで言うと「すごい！」のです。ほぉぉ〜！　と感動するくらいの浄化作用でした。肉体も魂もピカピカになります。

もう1回通ったら、ピカピカ度がさらに増すかも？　ともう一度通ろうとしたら、岩を担当している天狗たちが、

「効果があるのは1回目だけだ」

と言います。もう一度通る（戻る）と、効果が消えるそうです。クリアになっているのに、効果が消えるって？　どういうことなんだろう？　と疑問に思っていたら、説明してくれました。

落とした穢れや幽霊などは、一旦岩

の隙間の空間に置かれるそうです。これは担当の天狗たちが、あとから処理をします。一晩たてば処理は完了するそうですが、その日だったら、まだ処理が終わっていません。

ですから、もう一度通ると、ふたたびくっついてしまうのです。翌日になれば、また通ってもかまわないそうです。処理が終わっているからです。つまり通過は1日に1回、というわけです。

「通過して、そのあとすぐに戻ると、穢れとか落とした幽霊とかをふたたびくっつけるのですね？　でも、さらにもう1回通ったら、また落としてもらえるのではありませんか？」

「それはない」

ハッキリとした回答でした。浄化の効果は、初回に夫婦岩の波動を浴びた時だけに発生するそうです。落とした穢れや幽霊は、岩の隙間の、次元が違う空間に置かれています。置いてあるだけです。封じ込めているのではありません。

穢れや幽霊は落とされた直後だったら、持ち主だった人の波動をまだ帯びています。そこに持ち主が現れると、帯びている波動によって引っ張られます。磁石のような感じで、ペトッとまたくっつくのです。

ならば、と3度目の通過をしても、穢れや幽霊は、岩の隙間の空間に一度置かれたため、

左は夫婦岩の入口。右は高度な浄化をしてもらえる夫婦岩の隙間の通路

すでにちょっぴり慣れています。それで、スパーンと落ちないものがいるそうです。もちろん、ふたたび落ちるものもいます。

つまり、1回だけだったら、ピッカピカになるほど浄化されてクリアになりますが、2回通ればほぼもとに戻り、3回目は1回目ほど透明になれない、いくつか残した状態、となるわけです。

ちなみに、岩の隙間の空間に置かれた穢れや幽霊が、他の人につくことはありません。次元が違うからです。同じ波動を持った人だけに、磁石のように反応するのです。

ふむふむ、じゃあ、絶対に1回しか通ってはいけないのだな、と理解したところで、夫婦岩の向こうにある本殿にお参りしました。本殿は少し高い位置にあります。ご挨拶をし終えると、すぐに本殿を出ました。

というのは、狭い本殿の中に神職さんが座っているのです（手を合わせる場所のすぐ横です）。そこは小さな授与所となっていました。ビビリの私に長々とそこでお話をする勇気はなく、なんだか必要以上に緊張して焦ってしまい、ご挨拶だけして、あわてて出たのです。中がどうなっていたのかもよく覚えておりません（涙）。

●リラックススポットでひと休み

本殿からは下り坂が続きます。下りきったところに「一願成就社」がありました。

この社殿の左横に、玉垣が柵となっている小道があります。奥へと続くこの小道が非常に爽やかで心地よく、パワースポットと言うよりは、リラックススポットになっていました。てくてくと歩いて行くと、突き当たりにお社がありました。役行者像もあって、小道を含めたこのエリアが究極のリラックススポットです。お社には強い大天狗さんがいました。境内の端っこ、境界線を守っているそうです。

私はけっこう長い時間をここで過ごしました。リラックススポットエリアには、人間がリラックスできるように調整された「気」が流れています。ここを守っている大天狗さんが流しているのです。ですから、ここまでのんびりと歩いてきて、ここで景色を見ることがおすすめです。たまっている疲れを取り除いてもらえますし、エネルギーのチャージもしてもらえます。

「この神社のごりやくはなんでしょうか？」

「なんでも望むものを与えよう」

「金運とか、お金儲けもいいのですか？」

「かまわぬ」

ただし、人を懲らしめてほしいとか、あの人を失脚させてほしいとか、そういうのは却下だそうです。そこは一般的な神社と同じです。

稲荷社だけはお稲荷さんがいましたが、その他の場所は見事に大天狗さんだらけの神社です。もともとこの山は大天狗さんのみで、カラス天狗さんはいないそうです。手を合わせるところ（お社や石像）には、すべて大天狗さんが入っていました。

山の神様もいるのかな？　と思ったのですが、神様はいませんでした。大天狗さん一色です。眷属もすべて大天狗ですから、見ていて爽快でした。

ご祭神の太郎坊さん（そういう名前ではないと言っていましたが、便宜的にこう書いています）は厳しめの大天狗です。そのぶん力は強いです。波動をたっぷりと濃くいただくには、夫婦岩を通ってから、本殿にお参りするルートで行きます。

本殿から太郎坊さんに声は届きますが、太郎坊さんは本殿内にいるのではありません。山のてっぺんの一番高いところにいます。ためしに本殿近くでお呼びしてみましたが、本殿に降りてくることはありませんでした。

リラックススポット担当の大天狗さんは太郎坊さんと違って、優しくて柔らかい性格です。同じ山にいる天狗でも、性格が違っていて興味深かったです。

ここはもともと天狗の山ですから、山自体に天狗のエッセンスというか、波動が染み込んでいるため、参拝するだけで体が軽くなります。天狗は体の機能を最大限に引き出すごりやくがあるので、スポーツで記録を出したい、大会で優勝したい、という願掛けは天狗にお願いするのが一番です。


阿賀神社〈太郎坊宮〉…滋賀県東近江市小脇町2247

橋《はし》姫《ひめ》神社（京都）

●丑の刻参りのモデルとなった橋姫伝説

橋姫というのは人間の名前ではなく、橋を守る神様のお名前です。古くから信仰されていて、橋や橋のたもとに祀られてきました。

京都の宇治川に架かっている宇治橋は、大化2（646）年に橋を守る神様を勧請し、当初は橋の中ほどに祀っていました。のちに違う場所に移し、最終的に現在地に移転しています。

宇治橋の橋姫に関しては2つの伝説があります。有名なのは『平家物語』に書かれているほうの橋姫です。

嵯峨天皇の時代に、公卿の娘が貴船神社に7日間こもって祈願をしました。その祈願は、ある女性を殺したい、というものでした。妬みから激しい憎悪へと変わっていった感情に苦しめられていた娘は、「私を鬼神にして下さい」と神様にお願いをします。

神様はそんな娘をあわれに思い「姿を変えて21日間、宇治川にひたるとよい」と教えてくれました。

娘は都に戻って、まず髪の毛を5つに分けてツノに見えるようにしました。それから顔に朱を塗り、体には丹を塗って赤くしました。鉄輪を逆さまにして、そこに燃やした松明を載せ、頭にかぶりました。

この恐ろしい姿で宇治川に21日間ひたった娘は鬼となりました。

鬼になった娘はさっそく憎んでいた女性を殺しました。その縁者や相手の男性なども容赦なく殺しました。その後は、誰彼かまわず殺しまくるのです。

この娘が橋姫だと伝わっています。


話には続きがあって、源頼光の家来である渡辺綱が、一条戻橋を渡る時に女性と出会いました。ひとりで歩いていた女性に「夜は危ないから五条まで送りましょう」と渡辺綱が声をかけたのです。

女性を馬に乗せ、渡辺綱は歩いていました。

すると途中で女性は鬼の姿となり、渡辺綱の髪をつかんで飛んでいこうとしました。渡辺綱は持っていた刀で鬼の腕をバッサリと切って助かりました。腕を切られた鬼は愛宕山へと逃げて行きました。

これが丑の刻参りのモデルとなった、橋姫のお話です。

それよりも前に書かれた『山城国風土記　逸文』には、違う橋姫が描かれています。つわりに苦しんでいた橋姫は「わかめを食べたい」と夫に言います。夫は橋姫のために海にわかめを探しに行きました。

探し疲れた夫が海辺で笛を吹いていたら、龍神がやって来ました。龍神は夫を気に入って、自分の婿にしてしまいます。

帰ってこない夫を心配した橋姫は夫を探します。やっと居場所をつきとめたら、そこには老女がいました。

老女が説明をしてくれます。夫は龍神の婿になったけれど、龍の火を嫌っている、だからその火で作ったものは食べない、ここに食事をしに来る、と言うのです。

橋姫が隠れて待っていると、夫は龍神の玉に乗って老女の家に来ました。

橋姫は夫と会話をしますが、夫は一緒に帰ってはくれません。橋姫は夫と泣く泣く別れて、家に戻ります。

けれどその後、夫はちゃんと帰宅してくれて、橋姫と仲良く暮らしたのでした。

●十二単を着た少女のような神様

橋姫神社は小さいし有名ではないので、うっかり見過ごす人が多いと思います。境内には橋姫社と住吉社の２つのお社がありますが、狭い境内なので、お社も大きくありません。質素な神社なのです。

「橋姫と言われている方がおられるのでしたら、どうかお話を聞かせて下さい」

声をかけてもあたりはシーンとしています。神様の気配すらありません。あら？　橋姫という神様はいないのかな？　と思いましたが、とりあえず宇治川を見てみることにしました。

この時点で私は、宇治川のそばにある紫式部の像を、何をどう勘違いしたのか、橋姫の像だと思っていたのです。なので、そちらにいるのかも？　と思い、宇治川に向かって歩きました。

宇治川の手前にお蕎麦屋さんがありました。平日の午後2時でしたから、ひとりでも入りやすく、そこでお昼にしました。お蕎麦を待つ間に、橋姫像はどのへんにあるのだろう？　と調べたら、像は紫式部であることが判明したのです。

『源氏物語』五十四帖のうち、最後の十帖は「宇治十帖」と言われ、宇治が舞台であるため、それで作者の紫式部の石像が置かれているのですね。

お蕎麦を食べながら川を見ても、なんか違う……ということで、ふたたび橋姫神社に戻りました。

源氏物語に登場する橋姫について書かれた説明板

今度は呼び方を変えてみました。

「嫉妬のせいで人を呪い殺した、丑の刻参りのモデルとなった人ではない橋姫さん、ここに祀られていてその人だと言われているけれど、そうじゃない橋姫さんがいたら、お話を聞かせて下さい」

すると、ものすごく美しい十二単を着ている人が出てきました。私の印象では、昔の表《うわ》着《ぎ》の裾は厚く作られています。けれど、神様が着ているのは、まったく厚ぼったくない、ぴらぴら～っとした華やか～な裾が広がっている、軽やかな感じの十二単です。

お顔を見ただけで、性格はおとなしくて、上品な人物だったとわかります。

「伝説となっている、嫉妬深いお人とは違うのですね？」

静かにうなずいています。

「ですよね、そのようには見えません」

神様は困ったような表情で言いました。

「理性を失うほど嫉妬することはありえないのだけれど……」

え？　それはどうして？　と思ったら、

「男性と契ったことがない」

と言います。

そうか～、だったら殺したいほどの嫉妬とかもなさそう、と思っていたら、

「恋をする気持ちもわからない」

と、ニッコリ微笑みます。神様は人間だった時に、恋をしたことがない、だから嫉妬を

することもなかった、と言うのです。つまり、純真な少女のまま大人になって、亡くなったお人だったのです。清らかな乙女のままなのです。

神様はちょっぴり恥ずかしそうにうつむいて、品よく笑っています。

「乙女のままなんて、そんな美しいものじゃないわ」

2社並んでいるお社の左側が橋姫社

神様は亡くなった時のお姿を、本当はこのような感じ、と見せてくれました。

40代前半ですが、大昔の人ですから、現代の40代前半の人よりかなり老けて見えます。昔は化粧水や日焼け止めなどがなかったからか、それとも栄養が足りなかったせいか、けっこう老け込んでいて、今で言えば50代後半でしょうか。

「もう、おばあさんよ」

「いえいえ、40代前半のその年齢でおばあさんと言われたら、私はどうなるんですか～。私、60歳なんですけど」

「えっ！　もっと若いかと思った」

「ありがとうございます。今の世の中は、私なんかより、もっともっと若く見える人がいっぱいいます。年を取ってもおばあさんにならない人が多いんですよ」

「ほぅ〜」

●応援を喜んでくれる神様

このお方は宇治橋に最初に勧請された神様ではありません。そこで由緒についてお聞きしました。

橋の中央に設置されていたお社は、長い間空っぽだったそうです。祀られている神様はいないし、橋を守る〝姫〟のお社ということで、やってみようかな、と鎮座したそうです。丑の刻参りの伝説ができる前のことでした。

やってみようかなと思った理由をお聞きすると、生前の神様には、信仰心がなかったと言います。ですから、悩みは悩みのままで抱え続け、しんどい思いや苦しい思いをたくさんしたそうです。

死んだあとで神仏の存在を知り、もしも信仰心を持っていたら、少しは救われていたかもしれない、と考えました。それで、自分が神様となって、かつての自分のように、悩んだり苦しんだりしている人に手を差し伸べよう、と決意したのです。

「で、神様、お願い事は叶えられるのでしょうか？」

ンマー！　識子さん、なんて失礼な質問！　とお叱りを受けそうですが、神様としての経験が多くないように見えました。力のある神様ではないので、一応確認はしておかないと……と思って質問しました（汗）。

「叶えられる」

ご本人が言うには、やはり神様の修行をそんなにしていないとのことです。

しかも、ここで祈願されるほとんどの内容が、縁切りとか、相手を呪い殺してほしい、相手を不幸にしてほしい、なのです。

「そのような願いは叶えたくない」

神様は悲しそうにつぶやいていました。そういうわけで、願掛けを叶える経験も多くないのです。

力はそんなに強くありませんが、困っている人や、助けを求めている人が来たら、一生懸命頑張りたいという志は高く保っていて、やる気は十分です。

「信仰心を持った人が神を頼って、ここに来る。そして悩みや苦しい胸のうちを話す。その話相手になるだけでも、救いになると思うのだけれど」

「ええっと、それは……その人が、私みたいに聞こえるという前提ですね……」

「はぁ〜〜〜〜〜〜〜〜〜！」

大きなため息をついていました。外出をほとんどしなかった、世間知らずの（いい意味です）、平安時代のお嬢様だな〜、という感じです。ロマンチックであり、セカセカしていないし、気も強くありません。イライラしたことがないのでは？　というお人なのです。少女のまま大人になり、早くに亡くなっているからか、無垢な心を持ったままで人生を終えています。

願掛けについて会話をしていた時に、

「嫉妬で人を殺した橋姫に向かってしている願い事は、一切聞かない！」

と言っていました。

「それでいいと思います！　だって、神様は橋姫ではないのですから」

肯定されて嬉しかったのか、神様はポッと頬を赤らめて、笑顔になっていました。橋姫ではないとわかってもらえたから頑張る、と張り切っていました。

正直に言いますと、願掛けをしに行く神様としては弱いです。けれど、「応援しています」「頑張って下さい」と参拝に行けば、その応援が大きく作用する神様です。

「丑の刻参りの人じゃないって、知っていますよ～」のひとことが、神様を元気に明るくするので、行ける人は応援に行くと喜んでもらえます。

橋姫神社…京都府宇治市宇治蓮華46

知《ち》恩《おん》院《いん》（京都）

●住処を追われたキツネの伝説

知恩院のホームページに書かれている説明です。

【濡髪《ぬれがみ》大明神

勢至堂・山亭の脇を通り抜け、お墓の奥へと歩みを進めていくと、ひときわ大きな「千姫（徳川秀忠公の長女）の墓」があり、さらにその先に「濡髪（ぬれがみ）祠」と掲げられた鳥居が見えてきます。

御影堂ができたために住家を追われたキツネが、知恩院第三十二世雄誉霊巌（れいがん）上人にお願いし、代わりに用意してもらったのが、この濡髪の祠です。「濡髪」という名前は、童子に化けていたときに髪が濡れていたことに由来します。

もともとは火災除けの神様としてお祀りされていましたが、「濡髪」が艶やかな女性の姿をイメージさせることから、祇園町のきれいどころの信仰を集め、今日では縁結びの神様「濡髪さん」として親しまれています。

七不思議3忘れ傘

御影堂正面の軒裏には、骨ばかりとなった傘がみえます。

当時の名工、左甚五郎が魔除けのために置いていったという説と、知恩院第32世の雄誉霊巌上人が御影堂を建立するとき、このあたりに住んでいた白狐が、自分の棲居がなくなるので霊巌上人に新しい棲居をつくってほしいと依頼し、それが出来たお礼にこの傘を置いて知恩院を守ることを約束したという説とが伝えられています。】

一般的に広く知られているお稲荷さんの伝説はこうです。

知恩院の御影堂が建てられるまで、そこには1匹のキツネが住んでいました。悪さをすることなく平和に暮らしていましたが、突然御影堂が建てられることになり、キツネは住む場所を失いました。

キツネは納得がいきません。そこで御影堂の落慶法要で、仕返しをしてやろうと企みます。人間の子どもに化け、キツネは知恩院へと向かいました。

怒りをぶつけるつもりで行ったのに、キツネはこの法要で霊巌上人の説法を聞きます。素晴らしいお話に感動したキツネは改心します。

雨に濡れて説法を聞いている子ども姿のキツネに気づいた霊巌上人は、声をかけました。キツネは正直に、住む場所がなくなったことを伝えます。それを聞いた霊巌上人は、新しい住処として祠を建てることを約束したのです。

祠が建てられて、無事にそこに住めるようになったキツネは傘を返しに来て、末長くお寺を守ることを誓いました。

●お稲荷さんって変身するの!?

知恩院に到着したのは夕方近くになってからでした。この日は知恩院の宿坊に泊まったので、チェックインの時間に合わせて行ったのです。

私はけっこうあちこちの宿坊に泊まっていますが、建物が古かったり、トイレとお風呂が共同だったりと、宿坊はそのようなところが多いです。知恩院の宿坊はホテル並みの快適さらしいと知り、泊まってみたい！　と予約をしました。この時に、知恩院のことを少し調べて、濡髪大明神の伝説を知ったのです。

門とは思えない巨大な建造物「三門」

宿坊に到着後、チェックインをして部屋に荷物を置き、知恩院へと向かいました。

入口には「三門」という大きな門があります。なんと立派で、威厳のある門！　と思ったら国宝でした。元和7（1621）年に、徳川将軍2代秀忠公の命を受けて建立されたそうです。

日本で最大の木造門であり、「華頂山」と書かれた額の大きさは、なんとタタミ2畳分以上だそうです。山門ではなく、三門と書くのは3つの解脱の境地を表わす門（三解脱門）を意味しているからと書かれていました。

見応えのある門ですから、あちこち

観察をし、それから石段を上がりました。

上がったところは広いエリアとなっていて、ここに御影堂があります。御影堂は中に入らせてもらえます。法然上人の御影を祀るお堂で、仏像はありません。ピカピカと金色に輝く扉が正面にあって、周囲も金ピカの道具や飾りがありました。

御影堂を出て靴を履いていたら、警備の方がそこにいたおじさんに、

「4時になったら閉まりますから」

とかなんとか言っています。この時すでに午後3時45分くらいでした。

え？　4時？　そんなに早く閉まるの？　うわー、急いで濡髪お稲荷さんに会いに行かねばー！　と、そこから必死で稲荷社を探しました。けれど、周辺にはそれっぽいお社がありません。

焦りまくって小走りで、最初は右側奥のほうを上がって行こうとしたのですが、「いや、違う、ここじゃない」とわかりました。「気」が違うのです。そこで今度は左側奥へと走り、石段をヒーヒー言いながら駆け上がりました。

そこにはお堂があったのですが、お稲荷さんらしきお社はありません。うう〜、あと10分もないやん、と半泣きでいたら、ありがたいことにお坊さんが向こうからやって来まし

た。私が必死の形相で見ていたからでしょうか、

「なにか?」

と言ってもらえました。

「濡髪大明神様に手を合わせたいんです」

「どうぞ〜。あちらですよ」

親切なお坊さんで、笑顔で教えてくれました。お礼を言って、さらに奥へと走ります。でもそこは墓地のど真ん中です。このまま進んで、間違いないのだろうか?　とやや不安になったところで、正面奥に鳥居が見えてきました。

濡髪大明神のお堂は墓地の一番奥にありました。親分が仏様のお稲荷さんですから、墓地の中でも平気なのです。

お堂はちゃんと玉垣で囲まれており、鳥居も立派なものでした。独立した神社っぽかったです。お堂自体はそんなに大きなものではなく、こぢんまりとしていました。

手を合わせて自己紹介をし、ここに来た経緯などをお話して、伝説について教えて下さいとお願いしました。すると、お稲荷さんが子どもの姿で出てきたのです。言い伝えは完

玉垣もある濡髪お稲荷さんの境内

全な作り話ではなさそうです。

え？　お稲荷さんって変身するの？　と思われた方がいらっしゃるかもしれませんので書いておきますと……変身します。

『神様と仏様から聞いた人生が楽になるコツ』（宝島社刊）という本に「阿倍王子神社」にいる「葛之葉お稲荷さん」の話を書いているのですが、このお稲荷さんは安倍晴明さんを産んだ母親ということになっています。

その伝説に合わせて、ごく普通のお稲荷さんが平安時代の衣装を着た女性の姿に変身していました。面白いお稲荷さんで、ユーモアたっぷりに葛之葉お稲荷さんを演じていたのです。

●事実が織り込まれていた由緒

話を濡髪お稲荷さんに戻しまして……変身した子どもの姿は、髪の毛をてっぺんでひとつにくって、先端をチョキンと切っているようなヘアスタイルです。男の子です。小さな子で5～6歳といったところでしょうか。

「どうしてこんなに小さい子どものお姿なのですか？」

当時の濡髪お稲荷さんはまだ力が弱くて、眷属としては小さな存在だったから、とのことです。うまく大人に変身できなかったと言うのです。

「え？　眷属？　だったのですか？　えっと……どちらの眷属だったのでしょうか？」

「伏見稲荷」

「へぇ〜！　そうだったのですね！」

御影堂ができる前に、そこに住んでいたキツネではなかったのです。

「伏見稲荷の眷属だったのに、どうしてここに祀られているのでしょう？」

その当時、このお稲荷さんは未熟な子狐クラスの眷属でした。伏見稲荷で神様の仕事を手伝うとか、厳しい修行をするとか、そういうレベルではありませんでした。子狐クラスの眷属は、人間を知ることも大事な修行のひとつなので、社会見学として、フラ〜ッと世間を見て歩いていたそうです。

知恩院は当時から敷地も広くて大きかったらしく、「大きな寺だな〜」「こんなところに祀られたらいいな〜」と思いながら、濡髪お稲荷さんは境内をうろうろしていました。そしたら説法が聞こえてきたのです。

「ちょっと中に入って聞いてみよう」

お稲荷さんは興味を引かれてお堂の中に入りました。まさかキツネの姿で入るわけにはいきませんから、追い出されないように人間の子どもに変身しました。

説法は素晴らしいものでした。ジーンと感動にひたっていたら、霊巌上人がそばに来ました。このお坊さんは霊能力のある人だったので、変身がバレていたのです。

「これこれ、キツネ、イタズラをしに来たのか？」

そう聞かれたので、お稲荷さんは素直に自分の状況を話しました。もちろん説法に感動したことも伝えました。お坊さんは、うむうむとうなずいて、

「この寺のために働くのなら祠を建ててやろう」

と言います。お稲荷さんは大喜びです。このお寺に祀られたらいいな〜、と思っていたところだったからです。

祀られてからはせっせと働き、修行も重ねたそうで、現在は子狐ではなく立派なお稲荷さんになっています。

住処を追われたキツネが仕返しに来たのではなく、事実は、まだ子狐クラスだった伏見稲荷の眷属が知恩院を見学していたのです。現在はそこそこ力のあるお稲荷さんになっていますが、心は子狐当時から変わっていない、純朴なままのお稲荷さん、という感じがし

ました。
閉門まで時間がなかったので、お話はこれくらいしか聞けませんでしたが、ほんのりと優しい気持ちになるエピソードでした。

知恩院…京都市東山区林下町400

蟻《あり》通《とおし》神社（和歌山）

●国のピンチを救った蟻通しの神様

神社の公式ホームページに書かれている由緒です。

【はるか昔、ここ紀州田辺に外国の使者がやってきました。その使者は、「今から出す問題を解いてみよ。もし解けなければ日本国を属国にしてしまう。」といいました。そして、持ってきたホラ貝（七曲りの玉とも）を出して、その貝に一本の糸を通すことを命じました。

わが国の神々は、この難問にたいへん頭を痛めました。その時、ひとりの若い神さまが前に進みでて、

「私がホラ貝にその糸を通してみせましょう。」

といって、貝の口からどんどん蜜（みつ）を流しこみました。蜜は貝のなかの複雑な穴を通りぬけて、貝尻の穴へと流れだしました。

そして、この若い神さまは蟻を一匹捕らえて糸で結び、貝の穴から追いこみました。すると、蟻は甘い蜜を追って複雑な穴を苦もなく通りぬけました。蟻の体には糸が結ばれていますから、ホラ貝には完全に糸が通ったのです。

これを見た外国の使者は

「日の本の国は、やはり神国である。」

と恐れ、その知恵に感服して逃げ帰りました。日本の神々は、たいそう喜んで

「わが国にこれほどの賢い神がいるのを知らなかった。」

といって、その若い神さまの知恵をほめました。

このことから、蟻によって貝に糸を通したこのお宮の神さまを、「蟻通しの神」と申し上げるようになりました。

今では日本第一の知恵の神とあがめられています。】

面白い由緒ですね。紀貫之の家集『貫之集』や清少納言の随筆『枕草子』にも記述があるそうで、平安時代の頃から有名だったようです。

●神がかっているアイデアの真相とは

境内に入るとすぐに神様が見えました。古代のおじいさん姿です。境内にも由緒板があり、そこに「その若い神さまの知恵をほめました」と書かれていたので、若いお姿なのかと思ったら、意外や意外、おじいさんでした。

由緒についてお聞きすると、昔、人間は知恵のくらべっこをしていたそうです。謎解きというか、クイズというか、お前にこれが解けるか？　みたいな感じで、問題を出し合っていたのですね。誰が一番賢いのか、勝負をして楽しんでいました。

当時、この地域にとてつもない知能を持った男性がいました。頭脳明晰で、その人は謎解き合戦で負けたことがなく、連戦連勝だったそうです。蟻を使って糸を通したのは、その男性がしたことで、神様ではありません。

このアイデアの話はたちまち広がり、男性は「神がかっている！」「神のような賢さだ！」と、評判になりました。男性が生きているうちは、正しくそう伝わっていましたが、男性が亡くなり、月日が流れると……話に尾ひれがつきました。

頭のいい人が蟻を使ったという事実が、いつの間にか「神様が蟻を使った」という話になったのです。神がかったアイデアだというところから、そうなったらしいです。

伝説の内容が神社名になっている蟻通神社

「その男性は頭脳明晰で、その後、どうなったのですか?」

国府などに抜擢されて出世し、重要な仕事をしたのかと思いましたが、当時は今と違って、庶民にそのような可能性はないというか、道は開けていませんでした。身分に関係なく取り立ててもらえる時代ではなかったのです。

知恵比べで連戦連勝だった男性は、みんなから称賛されましたが、生活が変わることはなかったそうです。

「え〜、なんだかもったいないお話ですね」

この男性は漁師でした。知恵比べにめっぽう強いと有名でしたが、漁師として一生を終えたそうです。名前を残すこともありませんでした。

現代に生まれて、せっせと研究をしたら、ノーベル賞を取るレベルだったのでは？　と思います。昔は庶民だったために、いくら頭がよく生まれても、頭脳を活用できなかった人は多かったのかもしれません。

●神様は本殿ではなく、境内社でリラックスしている

ここの神様は本殿に鎮座しているのではなく、日がサンサンと当たっていた右側の境内社（西宮大神宮）にいました。

西宮大神宮の扁額のところには、恵比寿さんと大黒さんのお顔があります。大黒さんの置物などもお社のところにいくつか置かれていて、その置物が日に照らされて、なんとも縁起のよい雰囲気でした。

恵比寿さんと大黒さんを祀っている社殿なのでしょうが、ここにご祭神がいるのです。

「どうして境内社にいらっしゃるのですか？」

「居心地がよい」

神様はリラックスした様子でくつろいでいました。西宮大神宮の社殿は本殿に比べると、

蟻通神社…和歌山県田辺市湊19－6

神様が鎮座していた西宮大神宮

小さくて簡素な造りですが、本殿よりも断然居心地がいいそうです。

気さくな神様で、まったく格式張ったところがなく、蟻通しは神様がしたことではないのですが、人間から「すごいです！」と言われることを楽しんでいます。

神様の雰囲気もそうですが、この神社は狛犬が豪華な前掛けをプレゼントされていたりして、ほのぼの度が高いです。

のんびりゆったりした「気」が漂う境内で、心を解放してもらえる神社でした。

闘《とう》鶏《けい》神社（和歌山）

●熊野三山の神様が揃う新熊野権現

允恭天皇８（４１９）年に創建された神社と伝わっています。

熊野権現を勧請したのち、熊野三所権現を勧請しています。平安時代末期には、天照大神など11柱も勧請して、新熊野権現と呼ばれていました。

熊野詣をする前に、まずこの神社で祈願をする、という人が多くいました。

分霊したことで熊野三山の神様がここに揃っているため、この神社を参拝すれば熊野三社詣になると考えた人もいました。そのような人は熊野まで行かずに、ここで引き返していたのです。熊野詣に関しては、いろんな役目を持っていた神社です。

社殿の配置は昔の熊野本宮大社と同じだそうです。川の真ん中にあった熊野本宮大社は増水した水に流されてしまい、現在地に移転しました。流される以前の社殿と同じだということで、貴重な資料となっている神社でもあります。

社殿の配置が美しい闘雞神社

『平家物語』などの記述では、源平合戦の時に、平家と源氏のどちらの味方になればいいのかを、熊野第21代別当である湛増がここの神様に聞いていました。神様に答えをもらう方法として、鶏を紅白に分けて7回戦わせました。
源氏に見立てた白の鶏が、7回とも勝利したので、源氏側につくことを決めたという、このエピソードから神社の名前がつけられています。

社殿が並んでいる光景は圧巻です。横から見ると、千木がずら～っと並んでいてその美しさに目を見張ります。気が引き締まるような感覚にもなります。絵になる神社なのです。

熊野本宮大社も昔はこうだったのか〜、と思うと感慨深かったです。

各社殿の前には案内板があって、社殿名と神様の名前、さらに本地仏として仏様の名前も書かれていました。たとえば、「児宮　火々出見命」と書かれている横に、「本地仏　如意輪観音」とあるのです。「禅師宮　忍穂耳命」の横には、「本地仏　地蔵菩薩」と書かれていました。

神仏習合時代の名残でしょう。「へ〜」とか、「ほ〜」とか言いながら楽しく拝見しました。数えていないので何柱の神様が鎮座していたのかわかりませんが、神様方は仲良く和気あいあいで、本殿に集合していました。楽しそうな雰囲気でした。

●甲冑を着て現れたのは、明るくて面倒見がいい神様

この神社で私がおすすめしたいのは、境内社の「藤巌《とうがん》神社」です。専用の鳥居があって、お社は小さいながらも立派な造りでした。この神社が見えない世界で、私をググッと引っ張ったのです。

「じゃあ、ちょっとだけ……」ということで行ってみました。

由緒版にはこう書かれています。

【祭神　安藤直次公（藤巌公）

弘治元年（一五五五）～寛永十二年（一六三五）

安藤直次公は幼少から徳川家康に近侍し、姉川合戦、長篠合戦、長久手合戦などに従軍。のちに家康の側近として幕政に参画した。

慶長十五年（一六一〇）家康の第十子頼宣の傅役となり、大阪の陣には頼宣に従って出陣。元和五年（一六一九）頼宣が紀伊に移ると、紀州徳川家の附家老としてこの田辺に封ぜられ、三万八千八百石を支配した。（以下省略）】

申し訳ないけれど、読んだ感想は「ふ～ん」でした。現在の田辺の基礎を作ったと言われる人物なのですが、まったく知らないのです。なので、2礼2拍手1礼の軽いご挨拶で終わらせました。

「では」

会話が楽しい神様がいる境内社「藤巌神社」

と去ろうとしたら……甲冑を着たご本人が出てきました。

「おい！　話を聞かぬのか？」

「え？　いや〜、すみません。全然知らないのです、生前の神様を……。あ、もちろん、家康さんは知っています。でも家来の人のことまで勉強していないので、存じ上げません……申し訳ないのですが」

神様は憮然とした表情です。甲冑を身につけた姿で仁王立ちしています。

会話ができるやつが来た、ワシの武勇伝を聞きたいに違いない、よし、ではサービスで甲冑を身につけて出てやるか、とわざわざこの格好で出てきてくれたようです。うわ〜、もしかしたらガッカリさせてしまったかも？　と思ったので、あわててフォローをしました。

「あ、そうだ！　来年、大河ドラマの主役が家康さんなんです。それを見たら神様の生前のことがわかるかもしれません！　でも今は、まったく知識がなくて……」（参拝に行ったのは２０２２年12月でした）

「知識がなくてもかまわぬ。話を聞きたくはないか？」

「ん〜〜〜〜〜〜〜〜〜、すみません。まったく知らないから、質問もないのです」

神様は心底、驚いた様子でこう言いました。

「なんと！　せっかくここに来たのに、ワシの話を聞かぬのか？」

「えっ！　知らない人の話を知識がないまま聞くのは……時代も違いますし、それはちょっと……つらいかもです。適当に聞き流すのは失礼ですし……」

神様は苦笑しています。

「戦の話は面白いぞ」

「由緒板に、姉川合戦、長篠合戦、長久手合戦と書かれていますが、その合戦もよく知らないという勉強不足ぶりでして……なので、そのお姿で出てこられてもピンとこないというか……本当にすみません」

「フフフ」

神様はあきらめたのか、苦笑いから弾けたような明るい笑顔になりました。

戦場での活躍だけでなく、家康さんのことも話そうと思ったのかもしれません。けれど、家康さんのことだけを聞くのはさすがに失礼ですから、そこはやっぱり合戦で活躍したお話から伺わなければいけないと思います。

戦の話は、ある程度の知識がなければチンプンカンプンですから、いいかげんに聞くほうが失礼だと思ったので正直にお断りしました。

「来年は家康さんの生涯が大河ドラマになりますから、そこに神様のお名前も出てくるのではないでしょうか？」

「うむ」

「そのドラマを見ると、きっと神様のことがわかると思います！」

「そうか！　で、見たらまた来るのか！」

「えっ！　すみません！　またここに来るかどうかはわからないです！」

このやりとりに、神様は膝を叩いて大笑いしていました。

昔の武将、というイメージそのままの神様です。家来や部下を統率する力を持っています。肝も座っており、生前は器の大きな人物だったみたいです。

ですから、部下を持っているとか、学校の先生をしているとか、統率力が必要な人は参拝するといいです。面倒見がいい神様なので、しっかりとサポートをしてくれます。もちろん、願掛けも叶えてくれます。

生前のお話を聞いてもらいたいみたいなので、逆に、ある程度神様について学習をして行くといいかもしれません。このような功績がおありなのですね、とお話をすると、たぶん大喜びで相手をしてくれると思います。

私はこのあと、神様とのやりとりを何回か思い出して、そのたびに笑わせてもらいました。もう一度会いたいと思わせる、魅力のある神様です。

闘雞神社…和歌山県田辺市東陽1−1

稲生《いなり》神社(広島)

●勇敢な稲生武太夫《いのうぶだゆう》の妖怪伝説

境内にあった由緒板にはこう書かれていました。

【広島のお稲荷さん

浅野公が広島入府の際、勧請し、当稲生神社は豊受大神・大國主命・稲生武太夫公霊神をお祀りしています。

五穀豊穣・商売繁昌・厄除けの神様として四〇〇年の歴史をもち広島のお稲荷さんとして親しまれ崇敬されてきました。とくに享保十八年六月十八日広島大火災の時、稲生神社と大工・忠七(信仰厚く稲生社の世話人)の家が類焼をまぬかれたことから火災除けの神様としても篤く信仰されています。

また、稲生武太夫公は、強く勇敢な妖怪退治と知られ、人々を守ったことから魔除け・強運を招く神様ともいわれています。】

漫画で描かれた、わかりやすい妖怪伝説の看板もありました。この漫画は冊子になっていて持ち帰りオーケーでした。ネットや本などあちこちに書かれている稲生武太夫の妖怪伝説を私なりに説明します。

時は寛延2年、江戸時代中期でした。三次に住む広島藩の下級武士の息子で、16歳の稲生平太郎と、友人の相撲取りの権八は、お互いの勇気をためすために肝試しをしました。真夜中に比熊山山頂の古い塚の前で百物語をしたのです。

百物語は、百の怪談話を語り終えると怪異が現れる、という噂でしたが、その日は何も起こりませんでした。それから2ヶ月は何事もなく過ぎました。

7月1日の夜のことです。平太郎の家の障子が、火がついたかのように明るくなりました。平太郎が障子を開けると、毛むくじゃらの妖怪の手が平太郎につかみかかってきました。けれど平太郎は恐れたりせず、刀を抜いて退治しようとしたため、妖怪のほうがあわてて逃げて行きました。

この日から平太郎の家には怪異現象が起こったり、妖怪が現れたりしました。

おもな怪異現象は、行燈の火が天井まで燃え上がる、置いていた紙が1枚1枚舞い上がる、下駄が飛び込んでくる、うすが勝手に動く、誰もさわっていないのにほうきが座敷を掃く、などです。

妖怪のほうは、女性の生首が逆さまになって出てきたり、意味不明の声がしたり、巨大な蝶や大きなヒキガエル、虚無僧が出現したりしました。

さまざまな奇怪な出来事は魔物が平太郎を脅していたからです。脅しは毎日続きましたが、平太郎は怖がることなくやりすごしました。

脅しが始まって30日目、ついに魔物である山本《さんもと》五郎佐衛門（人間のような名前ですが魔物です）が、平太郎のもとにやって来ました。五郎佐衛門は人間の姿をしています。

平太郎に向かって五郎佐衛門は、「お前の勇気に感服した」と言います。

実は五郎佐衛門は、１００人の人間を怖がらせることに挑戦していました。これをクリアすると魔国の頭になれるのです。五郎佐衛門は85人までクリアしていたのですが、86人目の平太郎で記録はストップしました。

五郎佐衛門は潔く、また1からやり直すと言い、二度と平太郎の前に出ることはない、と宣言しました。

「もしも別の魔物が来たら、この木槌でワシを呼ぶがいい」

五郎佐衛門はそう言って、平太郎に木槌をプレゼントしてくれました。

多くの妖怪に付き添われて、五郎佐衛門は駕籠で去って行きました。そしてその後は、約束通り、妖怪はまったく現れなくなりました。

平太郎はその後、浅野藩に招かれ、広島にも数年住みました。

五郎佐衛門にもらった木槌は國前寺に安置されており、平太郎（稲生武太夫）は稲生神社に祀られています。ちなみに稲生平太郎は実在の人物です。

●怒りを秘めたお稲荷さんはパワーが強い

まず稲生神社から行ってみました。

2階建てビルの屋上にあるような神社です。石段を登って拝殿まで行きます。その途中に、稲生武太夫伝説や、水木しげるさんが来たとか、そういうことが書かれた説明版がありました。

拝殿には、国民栄誉賞をもらった衣笠祥雄さんが奉納した提灯と、水木しげるさん、京極夏彦さん、荒俣宏さんが連名で奉納した提灯があります。稲生武太夫さん推しなので、ご祭神は稲生武太夫さん？　と思いましたが、そうではありません。

ここはお稲荷さんなのです。しかも強いお稲荷さんです。

狛狐も豪胆で、堂々としています。迫力が半端ないです。狛狐が乗っている台座を見たら、文字が彫られていました。

【被爆とお守りぎつね
昭和二十年八月六日
原爆一閃により
神社潰滅被害被るも
このお守りぎつねは被爆にも耐え
永くご神体平和繁盛を
お守り続けています】

原爆に耐えたのか～、それはすごいな、とお姿をよく見ると、茶色を帯びています。高熱を浴びたからでしょうか。お顔の右半分がわずかに爆風で削られていました。

右側の狛狐も同じく茶色を帯びており、こちらは

首と尻尾が割れていた右側の狛狐

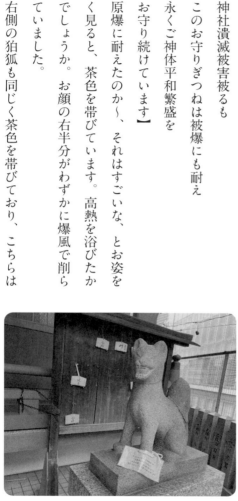

首と尻尾が割れたようです。修復がされていました。こちらの台座にも文字が彫られていました。

【稲生神社とお守りぎつね
一七三三（享保十八）年
神社周辺四町にて大火災発生するが
神社は火災免れる
この時白狐より
町の千穏と五穀豊穣
商売繁昌を願い安住したい
というお告げがあり
鎮守されたと云い伝えられています】

火事も避けているのですね。本当に強いお稲荷さんなのです。

ただ……このお稲荷さんと眷属は〝攻撃されたこと〟に対して、今も怒りを持っています。焼け野原になった広島を見たお稲荷さんですから、攻撃されたことに対する激しい怒

狛狐の台座に彫られていた説明

りがまだ残っているのです。

参拝者に怒ることはありませんし、機嫌が悪いわけでもありません。アメリカの人が来ても、障りを与えることもないです。「攻撃をされた」というその事実に怒りを持っているだけです。

爆発しそうなくらい強いパワーを持った神様がいる稲生神社

境内を見ましたが、稲生武太夫さんらしき神様はいませんでした。

そこでお稲荷さんに聞いてみました。

「稲生武太夫さんに会いに来たのですが？」

「ああ。こいつだ」

お稲荷さんが見せてくれたのは、まさに漫画に描いてあるような、紺色の袴をはいた稲生武太夫さんでした。でも、ここにはいない、と言います。

ああ、やっぱり、と心の中で納得しました。

怒りを秘めたお稲荷さんですから、パワーが爆発しそうなくらい強いのです。最近神様になったのだったら格が違いすぎるので、居づらいと思います。

怒りを持っていなかった原爆以前でも、もとが人間で神様修行から始める場合、稲荷社で修行をすることはありませんから、そういう意味でもここにいないのは納得です。さらに稲生武太夫さんはなぜか「ここではない」「違う」という印象が強いのです。

「声は届く。話すか?」

と言ってもらえましたが、國前寺に行く予定だったので、そちらでお話を聞きますと説明をして、神社をあとにしました。

稲生神社…広島県広島市南区稲荷町2−12

國《こく》前《ぜん》寺《じ》（広島）

●稲生武太夫さんに会える供養塔

このお寺には、稲生武太夫さんが魔物の山本五郎佐衛門にもらった木槌があるそうです。現地でネット検索をしたら、稲生武太夫さんのお墓もある、という情報がいくつかありました。

稲生神社でもらった冊子には、稲生家のお墓は本照寺にあると書かれているのですが、現地では読まなかったので、國前寺にお墓があるという情報を信じて行きました。

國前寺は日蓮宗のお寺です。

余談ですが、日蓮さんはどこに行っても、どんなにお願いをしても出てきてくれません。比叡山で最澄さんにそのことを言うと、いろいろな宗教の諸事情で遠慮をしているのだろう、とのことでした。いつかどこかで、お話を聞かせてくれるだろうと期待はしていますが、まだ会えておりません。

本堂の前でご挨拶をし、本のテーマをお話しして、神社で稲生武太夫さんに会えなかったことを報告すると、

「仏になっている」

と聞こえました。声は日蓮さんの眷属です。ご本人は出てこないため、眷属に相手をさせているのです。日蓮さん、優しいですね。

稲生武太夫さんは神様ではなく、仏様になっているそうです。ああ、それで、稲生神社で「違う」と感じたのか〜、とわかりました。眷属によると、仏様になってはいるのですが、稲生武太夫さんの仏像はない、と言います。

「供養塔に行けば会える」

そう教えてくれた眷属にお礼を言い、本堂の裏手に行ってみました。

そこには供養のための五輪塔が建てられていました。お墓ではありませんが、ここで稲生武太夫さんを呼ぶと出てきてくれます。手を合わせて、ご挨拶や自己紹介をし、お話を聞かせてほしいと言うと、ご本人がスッと現れました。稲生神社でお稲荷さんに見せてもらったお姿そのままです。

●「魔」を倒したい人には個別指導をしてくれる仏様

稲生武太夫さんはご本人の仏像がないということで、大きな活躍ができません。

空海さんや最澄さんのように、あちこちで仏像を作ってもらえたら、その仏像を使うというか、その仏像を仏として動かし、多くの人々を救うことができます。けれど、自分の仏像を作ってもらえない仏様は、ほとんどがご本尊の眷属となって働きます。

稲生武太夫さんのように、もとが有名な高僧ではない方は、修行によって仏様になっても人間に気づいてもらえることはなく、ご本人の仏像は作られません。たくさんの仕事をしよう、多くの人を救おう、と思えば、眷属としてお手伝いをするしかないのです。

「どのような活動をなさりたいのですか？」

この質問に、稲生武太夫さんは、妖怪退治とか幽霊を祓うとか、障りを除くなど、そのような魔除けの活動をしたいのではない、と答えてくれました。そのようなことは、他の仏様でもできますし、眷属でもできます。自分じゃなくてもいいわけです。

そうではなく、人々に妖怪を退治する能力をつけさせたい、自分で幽霊や「魔」を祓えるようにしてやりたい、障りを自分で取り除けるよう指導したい、と言うのです。

神仏に退治してもらう、祓ってもらう、取り除いてもらうのではなく、自分で処理ができきるよう、育ててやりたいと考えているのですね。

そのような力を持った人を増やせば、その人は自分だけでなく身近な人も助けますから、世の中から「魔」が影響している不幸が減ります。幸せな人が増えるのです。そんな活動をしたいそうです。

稲生武太夫さんの供養塔

「では、そのような霊能力を授かりたいという人は、ここの供養塔でお願いをすればいいのでしょうか?」

稲生武太夫さんが言うには、特殊な霊能力はポンと渡せるものではないそうです。指導が必要であり、もちろん本人の努力と修行も必須です。個別指導の実践で学習させるため、一度に何人もの人に教えるのは無理だと言っていました。ですから、指導を願った者全員に、今すぐ教える、というわけにはいかないそうです。

でも「来た者は覚えておく」と言っていたので、霊能力をアップさせたい、悪いものを自分で倒せるようになりたいという人はお願いしに行くといいです。順番待ちになるのでしょうが、いつかは指導をしてもらえます。

供養塔に来る人はいても、みんな供養塔を見て「へぇ〜」で終わりだそうです。手を合わせても話をする人はいないし、ましてやお願いをする人はいないに等しい、と寂しげに笑っていました。

せっかく仏様になって力が使えるのに、もったいないことです。ご自分でもそう思っているらしく、それで稲生神社で稲生武太夫さんにお願いをした声がここに届くようになっているわけです。

稲生武太夫さんは「魔」を処理する能力を人間に与えようとなさっていますが、それとは別にお願いをすれば、憑いているものを祓ってくれますし、「魔」からも守ってくれます。そちらのスキルを徹底的に磨いているので、言わば、霊とか妖怪とかのオカルト系のプロでもあります。ついでに言えばオカルト系のお話も大好きだそうで、話だけでも大歓迎だと言っていました。

もしも、「魔」や霊のことで悩んでいるのなら、行くと助けてくれます。よくないものが家にいるかも？　なんだか変なものが夜に来ているかも？　という時に頼りになる仏様です。

稲生神社からでも声は届きますし、國前寺だったら供養塔に行くとそこにおられます。本照寺には行っていないので、確実なことは言えませんが、お墓ですから、そこでも交信できると思います。

人間でも「魔」と戦えるように、「魔」を退治できるようにして、平和で穏やかな世の中にしたい、その奉仕を頑張りたいと思っている、オカルト系に特に強い仏様でした。

國前寺…広島県広島市東区山根町32－1

鰐《がく》淵《えん》寺《じ》（島根）

●摩多羅神さんを祀る特別な神社

境内にあった由緒板にはこう書かれていました。

【推古二年（五九四年）智春上人が推古天皇の眼疾を浮浪滝に祈って平癒されたので、その報賽として建立された勅願寺である。

天竺（印度）霊鷲山の艮地が欠けて浪に浮かんで流されて来た土地で浮浪山と称す。

上人密法を修し給う折、誤って碗の仏器を滝壺に落とされたとき、鰐魚が鰓にかけ浮かび上がったことにより寺号を生じる。

伝教大師が比叡山に天台宗を開かれると、慈覚大師の薦めもあり、日本で最初の延暦寺の末寺となる。

（中略）

又、弁慶は十八歳で当山に入り、三年間修業の後書写山から比叡山に登ったと伝えられ

ており、その伝説や遺品にも事欠かない。】

爽やかな大自然の中にある天台宗のお寺です。

長い石段を登っていくと根本堂があり、ここにご本尊である千手観音さんと薬師如来さんが安置されています。秘仏なので厨子の扉は閉まっていて、仏像に手を合わせることはできませんでした。でも、周囲の自然が特別に気持ちのよいところだったので、これだけでも来たかいがあったと思いました。

長い石段が根本堂へと続く参道

ふと見ると、根本堂の左手に神社があります。

お寺なのに立派な社殿を建てているのだな〜、と近寄ってみると、「摩多羅神社」と書かれていました（現地の案内板には「摩陀羅神社」と書かれていましたが、本書では便宜上「摩多羅神社」で統一します）。

「えっ！　摩多羅神社！」

なんと！　摩多羅神さんを祀っているのです。

摩多羅神というのは、どこにでもいる神様ではありません。天台宗の常行三昧堂（阿弥陀仏の周囲を歩きながら、阿弥陀仏を念じる常行三昧という修行を行なうお堂です。90日を一区切りとして行われます）の守護神なのです。特別な神様です。

天台宗でこの神様が信仰されているのを、私は日光にある「輪王寺」の常行堂で知りました。輪王寺常行堂のご本尊はクジャクに乗った阿弥陀さんですが、その後方にお社があったのです。

お寺のお堂の中なのに、神社形式の立派なお社があったので、興味を引かれました。祀られている神様はものすごく強い力を持っているということは明白だったのですが、質問をしても一切何も語ってくれずで、お姿も見せてくれませんでした。牛頭天王に近い種類の神様かな？　ということしかわからなかったのです。

根本堂から見た摩多羅神社

お寺の境内にあるとは思えない立派な造りの社殿

古代中国の雰囲気が残っていて、強烈に人を惹きつけるパワーがありました。謎の多い、なんとも言えないミステリアスな神様だったのです。

たぶん、ですが、お堂を出る時に、私はこの神様と少しだけ会話をしています。けれど、内容をまったく覚えていませんでした。記憶を消されたようなのです。不思議な体験でした。

●摩多羅神さんとは?

鰐淵寺は、摩多羅神さんを常行堂に祀っているのではなく、拝殿と本殿のある本格的な神社を建てているのです。特別に深く信仰しているのでしょう。

神社のそばに寄って行ってビックリしたのは……驚くことに！　摩多羅神さんの気配がしたのです！

お姿は見えませんでしたが、「いる」ことはハッキリとわかりました。存在がこの神社に「ある」のです。

うわぁ、知りたい！　この神様を知りたいっ！　という気持ちがむくむくと湧いてきました。しかし、輪王寺でのことを思い出すと、そう簡単にはお姿を見せてくれないだろうと予測できます。

ここで私は、由緒板に「慈覚大師」という名前があった！　と思い出しました。慈覚大師は円仁さんです。摩多羅神さんを中国から勧請したのは円仁さんですから、詳しいはずです。そこで円仁さんを呼んでみました。

「円仁さ〜〜〜ん！」

何回か繰り返して呼ぶと、円仁さんがそばに降りて来てくれました。

「久しぶりだな。何を聞きたいのか？」

神仏は親切でこう質問をしてくれるのですが、このように聞かれると、いつも「えっと〜、何をどう聞こう？」と悩みます。摩多羅神さんのことをすべて知りたいのですが、どこから聞くべきなのか難しいのです。へたな質問をすると、話が広がらないこともあります。

「えぇっと〜、ちょっと待って下さい。何をどう聞こうかな」

モタモタしていたら、円仁さんは摩多羅神さんのお姿を見せてくれました。

重ねて言いますが、摩多羅神さんは中国から来ています。中国で氏神だった、というレベルではないことはわかります。その土地にいないといけない土地の神様ではないことも、山岳系でもなければ、大地系でないのもわかります。

となると、人間が神様になったパターン？　それとも神獣系？　と、私は摩多羅神さんをそのように予想していました。牛頭天王に近い「気」を感じたので、やや「魔」に顔がきくのかも？　とも思っていました。

ちなみに牛頭天王は神様の種類の名前なので、各神社には別の牛頭天王が鎮座しています。けれど、摩多羅神さんは1柱の神様です。この神様が天台宗の常行三昧堂をすべて守っています。

円仁さんが見せてくれたお姿を見ると、なんと、龍でした！

一般の龍よりも顔が大きいです。私のそばまでやってきてそのお顔を私のほうへ、にゅっと突き出しました。

「うわぁ！　すごい迫力！」

思わずあとずさりしました。空間を圧縮して押されたような、そんな感覚になります。単色の龍ではありません。胴体は青ですが、顔には赤と緑と白の模様が描かれています。京劇のメイクのような模様です。

摩多羅神さんに直接声をかけてみました。

「普段はどこにおられるのですか？　日光で会ったように感じたのですが」

輪王寺常行堂内にあるお社は、摩多羅神さんと道が通じているそうです。ですから、あの場所で話したことは、すべて摩多羅神さんに届いています。けれど、輪王寺常行堂にいるわけではありません。摩多羅神さんは日本中あちこちに行っており、時々中国に帰ったりもするそうです。

●中国の変幻自在な龍神

摩多羅神さんは龍ですから、積極的に話をしてくれません（龍は基本、クールなのです）。そこで、円仁さんにいろいろと教えてもらいました。

「摩多羅神さんは龍神だったのですね！　日本にも龍はいるのに、天台宗の守護神としてわざわざ中国から勧請したのはどうしてでしょう？」

「この龍は変幻自在である」

中国にはいろんな種類の龍がいるそうです。種類が違うというのは、色の違いを言っているのではなく、特性が違う、という意味です。中国は国土が広いだけあって、特性の違う龍が何種類もいるのです。

「変幻自在について教えて下さい」

「摩多羅神の顔を見ただろう？」

「はい」

3色に彩られた模様の顔をしていましたが、本来は青龍ですから青い顔です。けれど摩多羅神さんの特性で、顔や体を自由に変えられる、と言うのです。緑色の龍になったり、白龍になったり、全身京劇模様の龍になったり、自在に変身できるというわけです。

「それって……日本にいる純粋な龍とは違いますよね？　えっと、摩多羅神さんは本物の龍なのでしょうか？」

「そこだ」

円仁さんは、よく気がついたな、という表情でうなずき、続きを説明してくれました。

大空を優雅に泳ぐ龍は自然霊です。神獣です。

摩多羅神さんはこのような自然霊の龍ではなく、神様の一種だそうです（厳密に言えば微妙に神様とは違うのですが、カテゴリでは一応神様です。そこは牛頭天王と似ています）。

「変幻自在の神様を勧請したのは、何か理由があるのですか？」

「お前も知っているように、仏と神は存在が違うため、担当している領域が違う」

仏様ではどうしても手が届かないというか、できないこともあるそうです。それがなんなのかは教えてもらえませんでしたが、わかるような気がします。神様と仏様の存在はまるで違うからです。

そう言えば、高野山にいる「嶽弁天」という神様にも、同じようなことを言われた記憶があります。嶽弁天さんは高野山を守っている「神様」です。

守っているといっても、高野山には仏様がたくさんいます。空海さんもいます。神様の守りは必要ないのでは？　と思ったら、「作用する世界が違う」と教えてくれました。神様しか影響を与えられない部分を受け持っているのです。

話を摩多羅神さんに戻しまして……仏様だけではどうしても無理なことがあるので、仏教のために、天台宗のために、動いてくれる神様を円仁さんは探していたそうです。そして、中国に滞在していた時に摩多羅神さんを見つけたのでした。

摩多羅神さんは変幻自在です。なので、驚くことに仏様のお姿にもなれます。それはつまり、見える人が見ても神様がお寺にいるという違和感がなくなります。

そこでまた、目の前に摩多羅神さんがしゅるる～んと来ました。本来の青龍のお姿で来て、しゅっと仏様（阿弥陀如来）に変身しました。見た目はまさに阿弥陀さんです。うわー、これはすごい！　と思わず拍手をしました。本物の阿弥陀さんソックリなので、見間違う人が大勢いるように思いました。

「波動はどうだ？」

円仁さんがニコニコと尋ねます。

「え？　波動？　ああっ！　波動は神様です！　うわぁ、阿弥陀さんが神様の波動を放っています～。ひゃ～」

円仁さんは大笑いをしていました。

天台宗のために動いてくれる神様を探していたと聞いて、「あれ？　日吉大社の東本宮の神様がいるのに?」と思いました(この神様はもともと比叡山にいた山の神様です。日本で神仏習合を最初に実現した神様でもあります。詳細は『神様のおふだ』(ハート出版刊)という本に書いています)。

円仁さんによると、この神様は神格の高い山の神様ですから、天台宗のサポートをお願いできるレベルではないそうです。もっと気安くお願いができる、天台宗専属の神様がほしかった、と言っていました。

●驚異のパワースポット

鰐淵寺の境内にある浮浪の滝周辺は聖地でした。波動が高く、摩多羅神さんの波動も流れています。まさにパワースポットです。

高い場所から滝の水が落ちていて、滝の裏側には洞穴があり、現在はそこ(滝の裏側)に蔵王堂が建てられています。ネットで多く見かけるのは、崖の真ん中あたりにお堂があって、その手前を滝の水が流れる(落ちている)写真です。その荘厳さは思わず息をのむほどです。

私が参拝した日は極端に水量が少なかったので、滝の水はちょろちょろと落ちる程度で

崖の洞穴に建てられている懸造りの蔵王堂

した。けれど、そのおかげで蔵王堂のすぐ近くまで歩いて行けました。

足もとの石は水に削られて、つるんつるんになっています。さらに苔がたくさん生えているため、スケートリンクのように滑ります。転ばないように、滑らないように、必死で歩きました。

蔵王堂は非常に高い位置にあるので、そこまで登ることは不可能でした。行けるところギリギリまで登り（そこから上に行く道がありませんでした）、そこで心ゆくまでお堂を眺めました。降りる時は細心の注意を払って慎重に歩きました。

平らなところまで降りたので、「ふ

～。もう大丈夫。楽勝楽勝～」と思ったところで、つるんと滑ってドッテーンと派手に尻餅をつきました。けれど、まったく痛くありません。下は岩ですから、かなりの痛みを覚えるはずなのに、全然衝撃を感じなかったのです。

見ていた摩多羅神さんが大笑いをしています。龍も笑う、ということは知っていますが、え？　そこまで？　というくらい笑っていました。そしてこう言いました。

「久しぶりに笑った」

「それはよかったです～。滑ったかいがありました！」

なんのこっちゃ？　というセリフですが、円仁さんもころころと上品に笑っています。このように神仏はちょっとしたことでも笑ってくれます。神仏が笑うと波動が柔らかくなるので、そばにいる人間は癒やされます。おかげさまで楽しい雰囲気になり、癒やしの波動もたくさんもらえました。

尻餅をついた時に手もついていたので、手のひらが汚れています。そこで、滝の水で洗ってみたら……ものすごい高波動の水だということがわかりました。

私はいつも聖水を見つけたら、その水で簡易禊をさせてもらうのですが、この時はすっかり忘れていたのです。手を洗わなければ、気づかないまま帰っていたと思います。もしかしたら滑ったのは、摩多羅神さんが滝の水の素晴らしさを教えたかったからかもしれません。

ちょっとひたしただけで、霊体が透明になるくらいの浄化作用がありました。細胞が元気になる、活性化する、という龍のエネルギーも入っています。

「摩多羅神さんに、私たち人間が直接お願いをしてもいいのですか？」

「かまわぬ」

鰐淵寺だったら滝に向かって歩きながらでも、神社の拝殿でも、願う場所はどこでもオーケーだそうです。

滑った話の続きですが、足もとの岩は苔まみれ、土まみれで濡れていました。そこにドッテーンと派手に尻餅をついたのですから、ジーンズも濡れて汚れているはずです。

車に戻って、お尻の部分を見てビックリしました！　まったく濡れていないし、汚れてもいなかったのです。岩についた手は真っ黒になり、滝の水で洗わなければいけなかったのに、ジーンズは濡れるどころか、汚れてもいないのです。こんなことってアリ？　と本気で驚きました。物理的にありえないことも平気で起こせる神仏は、やっぱりすごいなぁ、としみじみ思いました。

ここは円仁さんにも摩多羅神さんにも会えるお寺です。拝観料を払うところのおじさんもとても感じのいい方でした。すべての点で大満足の参拝となった鰐淵寺でした。

鰐淵寺…島根県出雲市別所町148

大山《おおやま》祇《づみ》神社（愛媛）

●超古代からいる神様

全国に1万社ほどある大山祇神社と三島神社の総本社です。

ご神木は約2600年の樹齢で境内の中央にあり、歴史を感じさせます。ご祭神は大山積神ですが、古代は社殿後方にある三山をご神体として信仰していたという説もあります。

現在地に移転する前は、島の反対側にあったそうですが、遷座は推古天皇の時代のことで定かではありません。

ありえないくらいの高波動を放っていた境内

大山祇神社には2回参拝しました。最初に訪れたのは2019年です。四国のほうからレンタカーで行きました。読者の方からリクエストが多かったことが参拝のきっかけです。境内に一歩入って「うわぁーーーーー！」と大絶叫しました。パワーがすごいのです。ありえないくらいの高波動で、ご神気だけでなく土地（大三島）が持つパワーも感じられました。

これはあとから神様に聞いたのですが、この島の地下には地球内部からのエネルギーが湧き上がっているところがあり、それが渦を巻いているそうです。そのため島には大きなパワーがあるそうです。

総門を入るとさらに聖域度が増していました。総門の向こうは、ぱっと見は広場です。広いな～、ご神木は歴史がある木だな～、という感想を持ちます。そのあたりから高波動が濃厚になっており、久しぶりに強い神様のところに来た！　とバンザイするくらい興奮しました。

拝殿を見た瞬間、思わず立ち止まってしまったくらい、強くて神格の高いご神気に圧倒されました。何も考えられない、ひたすらご神気を浴びさせていただく、という状態になったのです。

神様は山岳系です。大三島の山全体の上にいる神様です。

ご挨拶をして、とりあえずぐるりと境内をまわりました。変に興奮していたので、ちょっと落ち着こうと、総門を出たところのベンチに座りました。目の前に斎田が広がっている場所です。稲が元気に青々と伸びていました。

そこでまた「おぉ〜」と感動したのは、この場所にいると超古代の「気」を浴びられるのです。超古代の「気」がそよそよと軽く流れており、この「気」を浴びると、表現が難しいのですが、ピュアになれます。

超古代の「気」は現代の「気」とはまるで違います。当時の人間は生きることに必死であり、集団で暮らしていました。コミュニティの中は、みんなが家族で、みんなが仲間でした。力を合わせて生きていたのです。それが人間の原点です。

現代のように、人に意地悪するとか、仲間はずれにするとか、足を引っ張り合うとか、超古代の人はそのようなことをしませんでした。

心の闇と言ってもいいかと思いますが、そのような暗い部分がなかったのです。

現代は暗い部分を持った人がそこそこいますし、普段はそのような感情を持たない人でも心に闇を持っている人がいるせいで、意地悪をされることがあり、そうなると意地悪な気持ちになったりします。

そんな社会にいる私たちが超古代の「気」を浴びると、魂が遠い過去世の自分を思い出すので、同調してピュアになれるのです。あたたかい気持ちになる人もいるでしょうし、家族や親しい人を大事にしなきゃという気持ちになる人もいると思います。

一旦ピュアになればしばらくそれが続くので、魂がよい状態をキープできます。

ここの神様はその当時……超古代の時代から、神様として信仰されていました。それで、超古代の「気」を浴びさせてくれるエリアを作っているのです。

ご祭神は、伝承では摂津国から勧請されたことになっていますが、そうではなく、もともとこの島に超古代からいる山岳系神様です。

今は車があり、高速道路もあって橋もできたため、多くの人が訪れますが、昔はほとんどよそからの参拝者はなかったそうです。舟でたまに来る人はいても、とても静かだったと言っていました。

●「わかる能力」をレベルアップする安神山

神様はこの神社に降りて来てくれますが、普段は「安神山《あんじんさん》」にいると言っていました。

ひたすらご神気を浴びさせてもらった拝殿

安神山ってどれ？　と見えるところまで行って確認すると、神々しさが際立っている山でした。

聖域オーラが遠くからでもよく見えます。あの山には神様がいる、と山を見ただけでわかるのです。これは！　登らなかったら後悔する！　ということで、急きょ登山をしました。

現地にあった環境省の案内板には、お隣の「鷲ヶ頭山」までが1時間30分と書かれていました。

マップではその3分の1のところに安神山が描かれていたので、「30分くらいなのね、余裕余裕」と思い、登ることにしたのです。

いや〜、まったく余裕という状態ではありませんでした。山頂まで45〜50分かかったように記憶しています。

最初はそんなにしんどくありません。軽快に歩いていたのですが、7〜8合目あたりから、ヒーヒーゼーゼーの登りになります。45度近い傾斜になるのです。この急勾配がずっと続きます。

かなりしんどい登山で、軽い気持ちで登る山ではなかったかもしれない、と泣きごとを言いながら歩きました。

やっと到着した頂上には、石塔っぽい石の祠がありました。ちゃんとしたものではなく、とても簡素で、手を合わせるのをためらうくらいでした。

予定にない登山だったし、今日は安神山だけでいいか、と下山しようとしたら、神様が、

「もう少し先まで行きなさい」

と言います。

「えっ！　鷲ヶ頭山までは無理です！　もう体力が残っていません〜！」

「そんなことは言うておらぬ」

私のあわてふためく姿が面白かったのか、神様はクックックッと笑って、そうではなく

もうちょっとだけ先まで行きなさい、と言います。

言われるままに鷲ヶ頭山のほうに進むと、少し下り坂になっていました。そこに大きな岩が、横の岩肌から出っ張っているところがあったのです。どーんと三角形に張り出しているような形です。

神様は、ここをくぐるだけでよい、と言います。簡易祝詞を唱えるとよさそうだと思ったので、「祓えたまえ、清めたまえ」と繰り返し言いつつ、くぐりました。それから数メートルほど歩き、また戻ってきてくぐりました。

帰りにくぐる時は、頭を岩にくっつけるとよい、と言うので、やってみました。すると、頭から全身に神様の山（霊山）のパワーがぶわ~っと流れ込んだのです！　大三島が持つ地球内部からのエネルギーも同時にもらえました。

このパワーは感覚を鋭くしてくれます。よって、いろんなものを感じ取る能力が上がります。つまり、「わかる能力」をレベルアップしてくれるのです。岩に手をつけてもパワーはもらえません。頭から全身に流すパワーだからです。

昔はこの島を「御島」と言っていたそうです。神様の島なので「みしま」ですが、島のパワーや神様の大きさ、神様の神格がわかっていた人は、ただ「みしま」と言うだけでは申し訳ない、と思ったのではないでしょうか。それで、「大みしま」と呼んだように思います。

ここで神様にいろいろと教えてもらいました。そのひとつが、山岳系神様が天から降りてきた時のお話です。私はその様子を、熊野本宮大社の神様に見せてもらったことがあります。

天から光が1ヶ所に降りたかと思うと、次々に分裂して、一瞬のうちに日本各地に散らばっていました。山岳系神様がどうやって日本の山岳地帯に分かれて鎮座したのかという映像だったのです。

私はこの時、神様方は山に降りたのだと思いました。分裂して落ち着く場所は山と決めていて、山を目指して散っていったのかと思ったのです。

でも、そうではないそうです。山が重要なのではなく、山の中にある大きなエネルギーを目指して降りたと言います。

「あ、そうでした！　そのことは吉野山で聞いたことがあります！」

たしか、山を輪切りにしたら、ほとんどの山の中には大きなエネルギーがあるというお話でした。山には地球内部のエネルギーが集まっている、それで山岳系神様は山に宿れると学習したのです。エネルギーのない山に神様はいません。ここまでは吉野山の神様にお聞きしました。

大山祇の神様はもう少し先まで教えてくれます。

山があるからエネルギーが集まるのではなく、地球内部からのエネルギーが地下で渦を巻いているから、そこに山ができるそうです。神様は山を目指したのではなく、渦を巻いている巨大なエネルギーを目指して、降りたのです。

壮大なお話ですね。そのような大きなエネルギーがあるところに宿っているので、一般の神様に比べて山岳系の神様は力が大きいというわけです。

ここまでが初回の参拝での出来事でした。

安神山の三角形に張り出している岩。この下をくぐるとパワーがもらえる

●村上水軍が強かったわけ

そして2023年の今回です。この本は、興味深い「伝説」や「由緒」がテーマです。私は村上水軍

のことを知りたいと思いました。それでふたたびしまなみ海道へと行ったのです。
まずは村上水軍についてです。私も詳しくないので、百科事典マイペディアから引用します（本書での引用の記号を統一させるためにカッコの種類を変えています）。
【村上水軍（むらかみすいぐん）南北朝時代から戦国時代，瀬戸内海で活動した村上氏の水軍（海賊衆）。村上氏は伊予能島（のしま），同来島（くるしま），備後因島の3家に分かれるが，同一氏族であったかについて疑義もある。
伊予の河野氏に属し，遣明船の警固にあたり，また船舶から通行税を徴収，ときに倭寇ともなった。
1555年の厳島の戦を契機に毛利氏に従い，石山合戦では織田水軍を破り，石山本願寺に兵糧を入れたことで知られる。関ヶ原の戦後，来島（久留島）氏は豊後森藩主となり，能島・因島両家は船手組として萩藩毛利氏に仕えた。】
大島には「今治市村上海賊ミュージアム」があります。その施設の説明には、
【彼らは、海の難所である芸予諸島で育まれた海上機動力を背景に、戦国時代になると瀬戸内海の広い海域を支配し、国内の軍事・政治や海運の動向をも左右した。

来島城を本拠とする来島村上氏は伊予国守護の河野氏の重臣として活動した。因島村上氏は、周防国の大内氏に仕え、のちに中国地方の覇権を握った毛利氏の有力な海の勢力となった。】

と書かれています。

【平時には瀬戸内海の水先案内、海上警固、海上運輸など、海の安全や交易・流通を担う重要な役割を果たした。戦時には小早船を巧みに操り、「ほうろく火矢」など火薬を用いた戦闘を得意とした。】

というわけで、大活躍をしていたみたいです。

不思議に思ったのは、兵庫県から明石海峡大橋を渡って四国に入るコース、または岡山県から瀬戸大橋を渡って四国に入るコースと、しまなみ海道を経て四国に入るのは、全然違うということです。

尾道から行くと、因島大橋を渡ったところから島々が見えてきます。この島々は、島なのですが、見えない世界では「山」です。島だったら、島として独立しているのが普通なのですが、山ですから独立していません。非常に珍しいです。

陸地だと、山と山の間は野原とか、森林とか、そういう「土地」です。しまなみ海道のエリアは山と山の間が海なのです。たまたま水がたまっている、山間部に塩水がたまっている、という感じです。不思議なエリアです。

今回の取材では、今治市村上海賊ミュージアムと、資料館になっている因島水軍城を訪れました。そしてそのあとで大山祇神社に参拝しました。村上水軍はこの神様を信仰していただろうと思ったからです。

神様にお聞きすると、やはり信仰されていたとのことで、舟で来ていたと言っていました。居住していた島は違うけれど、このへん一帯は同じ地域という認識だったようです。

私が感じた、山々の間が地面ではなく海、と同じ感覚なのだと思います。

神様のお話で興味深かったのは、しまなみ海道エリアの漁師のエピソードです。

このあたりは大昔から、漁師を育てることに関しては、とても厳しかったそうです。

初期の村上水軍として人材が揃っていたのは、経験豊かな先輩が後輩を指導したからではありません。父親が息子を一流の海の男に育てていたのです。ここは古代から親が子どもを指導してきました。そしてその指導は想像を絶するほど厳しかったのです。

男の子が生まれると、まずは水練をさせます。うまく泳げなかったり、長く泳げない子には、それ以上のことは教えません。舟が難破した時に死んでしまうからです。

上手に泳げる子には、舟の操作を教えます。どのように舟を扱えばいいのか、その特訓です。さらに、潮の流れや風を読むことなどを教えます。海の特徴、海の危険性、海にいる生き物のこと、海に落ちたらどうするのかなど、さまざまなことを教えます。

神様によると、人間は海（水）になじむ人となじまない人がいるそうです。これは生まれつきだそうで、「この子は海になじめない」と親が思ったら、その子にはそこから一切何も教えませんでした。畑仕事をさせていたのです。

いくら長男でも、この子は海に向いていない、と判断したら、その子がどんなに舟に乗りたがっても許しませんでした。それくらい厳しかったのです。よって、鍛え抜かれた、熟練した者だけが海へと出ていきました。

そこが他の地域の漁師とは違っていました。古代から、親が子どもを訓練して海のプロに仕上げていた地域です。村上水軍のような集団ができたのは当然と言えば当然なのかもしれません。

日本は島国だから、漁村はいっぱいあるのに、なぜここだけが強かったのか？　とそこが疑問でしたが、こういう理由があったのでした。

大山祇神社…愛媛県今治市大三島町宮浦３３２７

高祖《たかす》神社（福岡）

●古代の優秀なシャーマンだった高礒比咩《たかそひめ》

創建は定かではなく、高礒比咩神《たかそひめのかみ》（高礒比咩神）に比定されていますが、ご祭神に関してはいくつかの伝承があります。

新羅から渡来したアメノヒボコの妻だったのではないか、渡来系の一族だったかもしれない、息長足姫命（神功皇后）だったのではないかなど、説によって人物像がまったく違っています。

平安時代の書『日本三代実録』には、「筑前国の正六位高礒比咩神に従五位下を授けた」とあり、これが歴史上の初見です。

一般的な神社と雰囲気が違うな～、と思ったのは参道です。参道の中央が植え込みというか、花壇のようになっていて、一番奥となる次の石段手前には木が植えてあります。石段を上がったところも、そのような作りになっていて、それがいくつか続くのです。この参道はなぜか古代の雰囲気を維持しています。

参道にはプライドと気迫が感じられる古代人の「気」も流れています。ご祭神はもとは人間だったのだな、とここでわかります。

最後の鳥居をくぐって拝殿エリアに行くと、さらに古代の「気」が濃厚になっていました。明らかに近代に創建された神社ではありません。

本殿後方には2社のお社があります。このように後方にお社が2社置かれている配置は時々見かけます。代表的なのは山梨県の「北口本宮冨士浅間神社」です。ここは本殿ではなく、後方の2社に別々の大きなご祭神がおられました。

しかし、ここ高祖神社は後方2社のお社によって結界が張られていたようなのです。現在2つのお社に神様はいませんが、結界の跡が残っています。怨霊を閉じ込める、封じ込めるために置かれたお社のようです。

どう見てもそうとしか思えないので、高礒比咩さん（後半に神様という言葉が多出するところがあるので、こう呼ばせていただきます）に、単刀直入に聞いてみました。

「最初は怨霊として祀られたのですか？」

「うむ」

神社では、たまに怨霊として祀られた人物に出合うことがあります。そのほぼ全員が神様になっていないのに、高礒比咩さんは神様です。そこで詳しいお話を聞くことにしました。

不思議な雰囲気を醸し出していた参道

高礒比咩さんが生きていた時代は、卑弥呼の時代よりも少し前でした。その当時はいくら怨霊でも一般庶民は祀られたりしないでしょうから、高貴な生まれ？　いいところの娘さん？　と思いましたが、姫君ではありません。
「？」と考えていたら、シャーマンだったと教えてくれました。詳しく聞くと、かなり優秀で力のある、レベルの高い霊能者だったようです。
当時は、神様とつながれる能力を持った人が大事にされていました。シャーマンとか巫女とか、神様がわかる人物は重要視され、政治にも関わって、大いに敬われていました。

「高礒比咩さんもそうだったのですね」

「そうだ」

　霊能力次第で地位も権力も手に入っていた時代です。ですから、霊能力がない人でも、自分は神様がわかる、と主張をしていました。そのような偽物の霊能力者がけっこう多かったのです。

　高礒比咩さんはそういった人々とは違い、本物の高度な霊能力を持っていました。同じように霊能力者として活躍していた人の中でも群を抜いてレベルが高かったのです。神様からのアドバイスを間違えることなく、正しく人々に伝えていました。

　こうなると、高礒比咩が憎い、悔しい、引きずり下ろしたい、という人が増えてきます。能力がないのに取り立てられている人は、自分の地位が危うくなるため、危機感が増します。憎しみがどんどん膨らんでいくわけです。

「こいつがいなくなれば自分は安泰」というわけで……高礒比咩さんは殺されました。

　高礒比咩さんが言うには、サクッと殺されたのなら、まだ納得がいくそうです。首を絞められるとか、刃物でブスッと刺されるとかですね。カッとなって一瞬で殺したというのなら、その殺意は理解できる、だからあっさり殺されてもいい、と言います。

えっ？　いいの？　と驚きましたが、黙って続きを聞きました。

けれど、高礒比咩さんはそのような殺され方をしていません。毒殺されたのです。毒殺は死ぬまで、殺されたことがわかりません。首を絞められたり、刺されたりすれば、死ぬ直前に殺されることが自覚できます。まだ生きている時に、憎まれていたことがわかるのです。

この場合、相手の気持ちもわからないでもないし、と納得したり、あきらめの心境になったりもするため、「ま、仕方ないか」と、〝許して〟死ぬことができます。ここ、重要なポイントです。

けれど毒殺は殺されたことがわかりません。高礒比咩さんは、体調が悪いのだろう、と思って過ごしていたそうです。そのうち症状が悪化していき、重い病気にかかったのだ、と考えます。体調が悪化してからは、シャーマンのお役目ができないので、神様に真相を聞くこともできません。

シャーマンは神様と直接コンタクトして話を聞くのではなく、神様を自分に乗せ、神様に貸した自分の口から言葉を発します。こうして神様の言葉をじかに伝える霊媒なのです。もしくは、トランス状態となり、魂を肉体から抜けさせます。魂の入っていない肉体を神様が使うことにより(乗るのでなく使うのです)、神様の言葉をいただく、というわけです。どちらにしろ正しく交信をするには、神籬《ひもろぎ》だのなんだのの道具と準備が不可欠で、サポートをする人も必要です。正式な儀式は、個人的に勝手にやってはいけなかったため、神様に体調についてのアドバイスをもらうことができなかったのです。

毒薬のせいで七転八倒して苦しんでいた高礒比咩さんは、心ない噂にも苦しめられました。神様に仕える身なのに若くして病気になったのは、神様に見放された証拠であるとか、人間性が卑しいから神様に嫌われたのだ……など、ひどいことを言われました。

高礒比咩さんはすべてのことに絶望して、この世を去りました。

●怨霊になったのもわかるという事情

実は私は、この神社の鳥居をくぐった瞬間に、急に胃痛を覚えました。軽く痛む程度ではなく、激痛に近かったです。吐き気もしました。なんで急に胃が痛くなったのだろう?なんか悪いもん食べたっけ?と考えましたが、思い当たることはありません。

イタタタ、イタタタタタタ、と言いつつ、参拝を続けたのは、ここが神社だからです。神様が助けてくれるはずなので、なんとか痛みと吐き気を我慢していました。しかし、時間とともに激しくなっていきます。

もう動けない、と拝殿下の石段に座り、そこで高礒比咩さんにお話を聞くことにしました。高礒比咩さんと会話を始めたら、不思議なことに痛みも吐き気もピタッとおさまりました。

高礒比咩さんは、もっとひどい胃の激痛と嘔吐を長い期間耐えたそうです。大昔は毒殺といっても、この毒だったらひとくちでコロッと死ぬ、というのがわかっていませんでした。ですから、死ぬまでに日にちがかかる毒薬を盛られたのです。

地獄の苦しみだったと言います。

私も短い時間でしたが、痛すぎて生唾が上がってくる、痛みで吐き気がする、という経験は初めてでした。長時間我慢をしたら、意識がもうろうとするだろうという激痛なのです。

高礒比咩さんは病気だと思っていたので、ひたすら我慢をしました。

病気は自分の徳のなさの表れかもしれない、と反省もしました。噂に惑わされて、神様に嫌われたのかもしれない、見放されたのかもしれない、だからこのような病気になったのだ、と落ち込みました。これが一番悲しく、つらかったそうです。

人間は死んだらすべてのことがわかります。高礒比咩さんは亡くなったあとで、殺されたことを知りました。

「あいつとあいつが図って殺したのか！　許せぬっ！」

高礒比咩さんの怒りは爆発します。

ああ、そこわかるかも～、と思いました。ご本人が言うように、刃物でサクッと殺されたのならまだ納得がいったのでしょうが、地獄の苦しみを与えられ、自分ではそれが業の病気であると思い込んでいたのです。人生をあれこれ深く反省したり、神様に嫌われたと嘆いて死んでいったのです。そりゃ、許せないわ、と同情しました。

「それで怨霊になったのですね？」

「うむ」

「怨霊になって、相手に取り憑いて殺したのですか？」

「ん…………」

ひえ～！　本物の怨霊だったんだ！　とビビりました。まさか取り憑いて殺すことまではしていないだろうと思ったので、予想外の答えに腰が引けました。怨霊ってやっぱりいたんだな、怖いな、とも思いました。

高礒比咩さんの死因を、最初は病死だと誰もがそう考えていました。しかし、あちこちから情報がもれてきて、高礒比咩さんが毒殺されたことが判明します。そのあたりから高礒比咩さんの怨霊を見たという目撃談も増えていきました。

そしてついに、毒殺の首謀者が殺されます。高礒比咩さんを妬んだり、悪口を言っていた人たちはあわてました。次に祟られるのは自分かもしれないからです。怨霊の高礒比咩さんは意地悪をした人たちの家にも出没していました。

それで、大急ぎで高礒比咩さんは祀られたのです。

●あたたかい信仰のおかげで怨霊から脱出できた高礒比咩

「祀られてからのことを教えて下さい」

高礒比咩さんは一旦怨霊まで落ちました。怨霊は恐ろしく波動の低い存在です。祀られた高礒比咩さんの周囲には結界が張られたため、結界から出ることができません。最初はそこで大暴れをしていたそうです。

「それから、どうなさったのですか？」

「人間が助けてくれた」

祠に祀られていたので、人々が手を合わせに来ます。祀られた直後は、「ごめんなさい」が一番多かったそうです。意地悪をした人や、悪口を言いふらしていた人たちが謝罪に来たのです。

そのうち、「かわいそうに」「心安らかに」「今までありがとう」と言ってくれる人がポツポツと来るようになり、徐々に増えていきました。人々の高礒比咩さんをいたわる気持ち、弔う気持ちが、高礒比咩さんの心を少しずつ落ち着かせ、清らかにしていったのです。

その尊い供養とも言える参拝は、高礒比咩さんを怨霊から脱出させました。

時代が変わると、高礒比咩さん本人を知らない人ばかりになりました。怨霊だったことも次第に人々の記憶から薄れていきます。そうなると、神様として信仰されるようになったのです。

純粋に自分に願う人々を見て、「神になろう」と決意をしたそうです。多くの人に助けてもらったおかげで怨霊から抜け出せたのです。今度は自分が人間のために奉仕をしようと高礒比咩さんは考えました。

ここから神様の修行に入るまでがとても長かったそうです。苦しかったとも言っていました。この長い道のりを歩むのは自分ひとりでは難しく、もしかしたら神様になれていなかったかもしれない、と首を横に振っていました。多くの人のあたたかい信仰のおかげで神様の修行ができるようになったのです。

高礒比咩さんはこのことを常に頭に置き、人々に深く感謝をし、努力を重ねて、神様になりました。

「人々のお願いを叶える今は、恩返しみたいな感じでしょうか？」

「うむ」

ここで初めて、高礒比咩さんは笑顔を見せてくれました。可憐な花が1輪咲いたような、見ている者をなごませる優しい笑顔です。笑顔で人を癒やせる神様です。生きていた頃の高礒比咩さんはキレイな心の持ち主だったのだろうな、と思いました。

この神社での願掛けですが、結果的に人を蹴落とすことになる願いは聞かないそうです。人を押さえつけて自分が上にのし上がるとか、そういう類の願掛けはすべて却下だそうです。自分がされてつらかったからだと思われます。

一番多く叶えているのは平癒祈願だと言っていました。

「縁結びとかもなさいます？」

「うむ」

高礒比咩さんは嬉しそうに答えます。人が幸せになる願い事……平和な願掛けだったら叶える、とハッキリ宣言していました。人より勝りたいという願掛けは聞かない、とのことです。

人間に助けてもらったことを感謝している神様はふところが深いです。人間に恩返しをしたいと思っているので、願掛けも親身になって聞いてくれます。

高礒比咩さんは古代のお方ですし、神様歴も長いので、力も強いです。ちなみに、ここは場所も悪くありません。パワースポットとまではいきませんが、波動のよい土地ですから、境内でのんびりすることがおすすめです。

神社の入口近くには「徳満宮」という小さなお

高礒比咩さんがすぐそばで微笑んでくれる拝殿

社があります。参道の左わきです。

このお社には、現在神様はいません。高礒比咩さんが神様になった時点で、鎮座していた神様は帰っています。怨霊を押さえる役目でここにいた神様だったからです。結界を守っていたのですね。

押さえの神様は参道の右側にもいたそうです。今は森となっていて、お社はなくなっていますが、神社の入口に、左右同じように神様が祀られていました。後方にある2社も昔は押さえの神様がいましたが、今はいません。ちなみに、大昔はお社ではなく、磐座として岩が置かれていて、そこに押さえの神様が宿っていたそうです。

高礒比咩さんが神様となった時、4柱の神々はもといたところに帰りました。去る時に〝お祝い〟ということで、高礒比咩さんをサポートするパワーをお社に残しています。ですから、神様がいないお社ではありますが、参拝すればパワーがもらえるようになっています。

高祖神社…福岡県糸島市高祖1578

與《よ》止《ど》日《ひ》女《め》神社（佐賀）

●若い姿と高齢の姿を使い分ける神様

ご祭神は「よどひめ」です。「與止日女」という漢字からして、古代の人物である雰囲気が漂っています。古代の巫女？　それともシャーマン？　とイメージが広がります。北部九州には、與止日女という神様を祀る神社が多くあるそうで、独自の信仰があったのかもしれません。神功皇后の妹であり、応神天皇の叔母、という説もあり、興味を引かれる由緒です。

鳥居をくぐり、拝殿に向かって歩いていると、もうそこで女性の神様が見えていました。18〜19歳あたりでしょうか。若くて初々しいお姿です。本当に女性の神様がいる神社なのです。

拝殿で祝詞を唱えてご挨拶をし、目を開けてみたら……正面に見えている神様は、なんと！　老婆になっていました。80歳を軽く超えています。どう見ても別の神様なので、ご祭神が2柱いるのかな？　と思いました。タイプが全然違うのです。

「あの？　ご祭神は2柱いらっしゃるのでしょうか？」

「いや、ワシだけだが？」

よ～く見ると、先ほど見た初々しい女性と顔が似ています。どうやら若い姿と高齢の姿を使い分けているようです。

「お姿を時々変えているのですか？」

「来た者によって変えている」

それはなんで？　と思ったので、質問しました。

「どうして姿を変える必要があるのでしょうか？」

神様が言うには、強いパワーやエネルギーを与えたほうがいい人には若い姿で接し、賢さや

歴史を感じさせる境内入口

知恵を与えたほうがいい人には老婆の姿で接しているとのことです。変わったごりやくの与え方です。

弾けるようなパワー、キラキラしたエネルギー、生きる活力となる元気な力は、それを持った姿にならないと与えるのが難しい、と続けて言います。

「では、老婆は賢さや知恵を持っている、ということですね」

「そうだ」

与えるパワーによって、いちいち自分の姿を変えているそうです。珍しい神様です。

●もっと頭を使え！　というアドバイス

ここで疑問が湧きました。パワーやエネルギーを与えるのはわかります。病気の人や体が弱い人、バリバリ仕事をこなしたいという人、素敵な人と出会いたいという人はパワーやエネルギーが必要です。

でも、賢さや知恵を与えたほうがいい人ってどういう人なのだろう？　と不思議に思いました。というか、そういうものって与えられるもの？　とも思いました。

「賢さや知恵を与えたほうがいい人って、どのような人ですか？　その人は選ばれた人物、優秀な人なのでしょうか？　世の中を変えるとか、大きな使命を帯びた人ですか？」

何を勘違いしておるのだ、と言いたそうに、神様は眉間にややシワを寄せて、説明をしてくれました。

賢さや知恵を与えるのは、人間関係がうまくいっていない、出世が遅い、出世できない、そういう何かがうまくいっていない人だと言います。

「はぁ……」

「そのような悩みを持つ人間は、頭を使っていないことが多い！」

「えっ！」

「もっと頭を使え！　ということだ」

ひ〜え〜、そんな説、初めて聞いた、と思いましたが、たしかにそうかも？　とも思います。しっかり考えていないから物事がうまくいかないのだ、と言われれば、うなずくしかありません。少し考えればうまくいくものを……というわけで、賢く考えられるパワーを与えているそうです。

「人間関係の修復を願う者が多いが、うまくいかせるにはどうすればいいのか、神に願う前にもうちょっと頭を使え！」

ひ〜！　なんだか私が叱られているような気分になりましたが、気持ちがいいほど歯に衣着せぬ神様です。それだけ人間のことを思っているのでしょう。

「でも、神様、人間関係で悩んでいる人が、賢く考えられるパワーをもらっても、願掛け通りにうまくいかないのではないでしょうか？」

「それはどういう意味だ？」

「たとえばですね、上司が意地悪をするので、上司が違う部署に転属になりますように、というお願いだった場合、いくら頭を使ったとしても、その上司はいなくならないじゃないですか。願掛けは叶わないですよね？」

この場合、まず神様が願掛けを叶えるそうです。そののち、よい状態が続くように頭を使え、ということで知恵を授けます。ここで神様が力説していたのは、願掛けでお願いされたことを、言われた通りにそのまま叶えるのではない、ということです。

この例で言えば、意地悪をしている上司が意地悪をしなくなればいいわけです。なので、転属を願われたとしても、必ずそうするのではありません。方法は違っていても、結果的に願った人がラクになればいいのですから、そのような状況にするそうです。

「頼まれたからといって、言われるままに、人間の言いなりになって叶えるようなことはしない！」

ひゃ〜！　なんて気が強い神様なのでしょう。人間だった時はかなり強情なお人だったのかも〜、と心の中でひそかに思いました。

老婆の姿で力強い発言をしているので、違和感が半端ないです。

「希望している状態、状況になればいいのだろう？」

さきほどの上司の例だったら、たとえば、上司が大好きな女性と結婚して性格が丸くなるとか、ペットを飼い始めたのがきっかけで意地悪をしなくなるとか、転属をしなくても意地悪がストップすればいいわけです。

「はぁ……たしかに、おっしゃる通りです」

「だったらその方法はワシが決める。人間に言われるままに、ハイハイと叶えることはしないっ！」

うひゃ〜！　私、願われた通りに叶えたらどうですか、などと、ひとことも言ってないじゃないですか〜、と思いましたが、面白い神様です。気迫がすごいです。

でも言い方を変えると、参拝者の願掛けを柔軟な発想で叶えてくれる神様です。最善の方法で参拝者を幸せにしてくれるのです。

●村ばあちゃんのありがたい教え

境内にあるご神木は軽く樹齢1000年を過ぎているように思いました。1200〜1300年くらいではないでしょうか。すごいな〜、を連発していたら、

「命というのは、長持ちさせようと思えばこれだけ持つのだ」

と、意味深なことを言っていました。

「何か、こう、ありがたい！　と思うようなお言葉をいただけませんか？」

「そのようなものはない」

竹を割った性格とは、この神様のためにある言葉と思えるほどサッパリしています。いいなぁ、この神様、好きだな〜、と思いました。

「本に書く時は、神様がおっしゃったことをそのまま書きます」

「主旨を間違えるなよ」

神様が一番言いたいことは、頭を使って生きろ、だそうで、

「これはお前にも言っている」

と言います。

「え？　私？」

「お前は数日前に、考えが足りなかったと反省する出来事があっただろう?」

ええーっ！　なんでわかったのですか！　と驚きです。

「はい、ありました……」

神様が言うには、あとから考えて「こうすればよかった」「こうしていたら状況は違っていたかもしれない」と思うのであれば、最初から頭を使って考えるべきである、とのことです。

頭を使って生きていないやつが多い、と嘆いていました。

せっかく持っているその頭を、ちょっと使えばいいだけの話ではないか、もう少し考えて生きてみよ、それですべてがよくなっていくから、と語っていました。

「たしかにそうですね」

私的なことですが、私はその数日前に人間関係でちょっとした失敗をしました。しっかり考えていたら、あのような結果にならなかったのではないか？　と自分でも反省していたところだったのです。

神様にお礼を言い、

「お姿も見たままを書いていいですか?」

と聞くと、

「お前にはどのように見えているのだ？」

と質問されました。

「えっと、若いお姉ちゃんのほうは、村娘です。身分が高いようには見えません。村と言っても豊かな村ではなく、山のふもとにあるような、貧しい村です。そこのおぼこい娘に見えます」

「うむ。高齢のほうは？」

「う〜ん、村ばあちゃん、ですかね〜」

ここで神様は大爆笑をしていました。何がツボだったのかは不明です。でも、村ばあちゃんでオーケーをもらいました。

村ばあちゃんは村娘の老人バージョンで、村娘が年を取って村ばあちゃんになっているイメージです。村ばあちゃんは知恵があって頭がよく、村のみんなが相談に来るような、そんな人物です。

どうやらこれは、生前の神様のお姿のようです。

村じゅうの人が……もしかしたら、噂を聞いた隣村や、もっと遠い村からも、知恵を借りたいと相談に来ていたのかもしれません。その悩みを、ふむふむと聞いていて、村ばあちゃんの神様は思うわけです。

「こいつはなんで頭を使わないのか」

「少し考えれば解決策はわかるだろうに」

神様になっても、当時と同じ考えのようです。

「あ、そうだ、神様！　神様は神功皇后の妹と書かれていますけど？」

「そんなわけないだろう」

ここは真面目な顔で否定をしていました。

鳥居のすぐそばの駐車場で、スマホにしゃべって録音をする音声記録を終え、「さて、行くか」と鳥居のところを見たら、神様が村ばあちゃんのお姿で手をひらひらさせていました。頭は古代のお団子スタイルです。

明るく笑いながら手を振っていましたが、1回だけ頭を押さえるしぐさをしていました。これはですね、私には深く考える習慣がない、つまり浅慮である、だから老婆の姿で知恵のパワーを与えた、という意味です。

思わず苦笑しました。たしかに私は、自分でも考えが足りないと思うことがよくあります。それを正面から「気をつけなさい」と言ってくれるのはありがたいことです。

この神社のご祭神は楽しい神様で、ここに来ると明るい気持ちになります。

自分はちょっと考えが足りないかな？　という人は、神様が村ばあちゃんのお姿になっているんだろうな〜、とイメージすれば雰囲気がつかめます。

病気を治してほしいとか、試合に勝たせてほしいなど、パワーをいただきに来た人は、若い村娘の姿だと思えばなんとなくでも感じられるように思います。

「深く考える性格だと思うけど、たまに、わずかにだけど、考えが足りない時もあるかも？こういう私はどっち？」という人は、確実に村ばあちゃんです。

そこは容赦ない神様だからです（笑）。

與止日女神社…佐賀県佐賀市大和町川上1－1

八幡竈門神社《はちまんかまど》（大分）

●鬼が忘れた石草履伝説

神社のホームページに書かれている由緒です。

【仁徳天皇（在位312-399年）御宇のとき曰く、日本武尊および神功皇后（200年頃説）が西征のとき豊後州速見郡竈門荘亀山に行宮（天皇行幸の仮宮）を造る。このとき国常立尊、天照大御神を始め三十三神を奉斎する。

次に聖武天皇（在位724-749年）の御宇、神亀四年（727年）三月十五日豊前国宇佐より仲哀天皇、応神天皇の神霊が竈門荘宝城峯に降臨する。山麓において大神諸男と大神豊永（竈門宮宮司）が相議し、御越山に遷座奉る。既にして亀山の桜樹の枝上に現れる。再び竈門宮に奉斎する（例大祭桜会祭の紀元）。併せて三十五神となる。既に竈門宮と称す。

次いで淳和天皇（在位823-833年）の御宇、天長三年（826年）宇佐より神功

皇后の神霊を迎え、併せて三十六神となる。このときより八幡竈門宮と称する。】

原稿を書くにあたってネット検索をして、この神社は漫画『鬼滅の刃』の聖地となっていることを知りました。私はこの漫画を読んだことがないので知らないのですが、神社名が漫画の主人公「竈門炭治郎」の苗字と同じであり、夜が明けると鬼が逃げ出すという共通点があるからだそうです。

絵馬に鬼滅キャラの絵を描いて奉納する人も多いらしく、「しまった〜、絵馬掛けを見てくればよかった〜」と後悔しているところです。

鬼が逃げ出すとは？ ということで、この神社の伝説をご紹介します。境内にわかりやすく説明が書かれた看板があったので、引用します。

【鬼が忘れた石草履

その昔、かまど村に人を食らう鬼がいて、村人達をたいそう困らせていた。村人達は神様に相談したところ、神様は鬼と話し合い、一晩の内に百の石段（神社正面石段）を造れたら、生け贄を差し出そう、もし出来なかったらかまどで煮て食うぞと勝負をすることになった。

鬼が九十九段造ったところで朝日が昇り、鶏が鳴くと、鬼は石の草履を片方忘れて、慌てて逃げ出した。

しかし神様は鬼が九十九段の石段を造ったことを評価し、龍神（拝殿天井画）を使いに出し、鬼を改心させ、今では「かまど地獄」の門番として真面目に働いている。龍神が「かまど地獄」にいるのは再び悪事を起こさないよう見張っている為である。

その後、鬼が忘れていった石草履に村人が恐る恐る足を入れてみると、みるみる力が湧き出て何倍もの仕事が出来るようになり、体の悪い人達はたちまち元気になったそうである。】

境内には説明板がもうひとつあって、そちらには、

【八幡様は鬼に、一晩の内に百の石段を造ったら毎年人間をいけにえにやろう、もし出来なければ今後里に出て来てはならぬと約束をさせました。】

と書いてあり、

【鬼は承知して、あちらこちらの谷や川から石を運んで石段を造り始めました。】

と続いています。

【九十九段まで造った時に神様がまだ出来ぬかとお聞きになられました。鬼はその言葉に一息つきあと一段と云った時に一番鶏が鳴いて夜が明けてしまった。鬼は驚いて逃げて行き、二度と里に現われなくなったと。】

こちらの説明には、下のほうの石段は丁寧に造られているけれど、上のほうは雑な造りであることも書かれていました。「うわぁ、夜が明けるやん！　急げ～」とあわてて造ったのでしょうね。面白いですね。

●癒やし専門の神社でご神木の胎内に入るごりやく

駐車場から行くと神社の横から境内に入るので、正面にまわってそこから参道を歩きました。鳥居の両脇に、大きな野球のボール？　のようなオブジェがあります。野球に関係のある神社なのかな？　と思ったら、それは実物の機雷でした。

鳥居の両わきに見えているのは実物の機雷

機雷とは、海中に敷設して、船が接近したり接触すると爆発する水中兵器です。実物はけっこう大きくて、「ほ〜」と見せてもらいました。

この神社の狛犬は「きゃ〜♪」と歓声が出るほど可愛いです。「うん」のほうは、たてがみがよくブラッシングされた髪の毛のようです。美容院にあるモデルさんの写真みたいで、スタイリッシュなヘアスタイルをしています。「あ」のほうは毛先がカールしていて、たった今パーマをかけました〜、という感じです。

整ったヘアスタイルの狛犬

楽しみながら拝殿まで行き、手を合わせてご挨拶をしました。

出てこられたのは、山岳系ではなくこのあたりの山に古くからいる山の神様です。見た目はおじいさんで、背がとても低くて小柄です。人間より小さいです。さらにすっごく痩せています。白いアゴ鬚を伸ばしていて、それが人間ではありえないくらい長く、細い先端が地面につきそうでした。

そんなお姿で、ニコニコとこちらを見て、こう言いました。

「木に、気を整えてもらいなさい」

うわ〜、それってダジャレですか？　という言葉が、一瞬口から出そうになりましたが、ツッコむ雰囲気ではなかったので、なんとか飲み込んでご神木のほうへ行ってみました。

この神社のご神木は、木の中が半分ほど空洞になっています。中に人間がひとり入れるスペースがあるのです。ご神木の名前は「魂依の木」で、ご神木のお守り「魂依御守」（私が行った時は千円でした）を買うと、なんと！　ご神木の中に入らせてもらえます。これは絶対に体験すべき！　と張り切ってお守りを買いました。


ご神木の中に入ると、木のエネルギーがじんわりと全身を包みます。木のエネルギーの卵の中にいるような感じで、心身ともに良質のエネルギーを充電してもらえます。ご神木の中からどこを見るのかがわからず、しめ縄越しに木々を見ていると、

「上ではなく正面を見よ」

と言われました。

言われた通りにすると、究極の癒やしをもらえます。前方には若い２本の木があります。

パワーあるご神木まであと少しという木です。鳥居の2本の柱が参道を挟んでいるように、この2本の木が、特殊な空間を挟んでいるのです。

ご神木へと成長している木ですから、普通の木とは違います。すでに高級霊が宿ってい て、ニコニコしてこちらを見ています。「おっ、神木の胎内に入っているな」「よいごりやくをもらいなさい」という感じです。

木の仲間だからでしょうか、「よいごりやくをもらいなさい」という優しい気持ちが、ストレートに、自分が入っているご神木を通して伝わってきます。この伝わってくる2本の気持ちが癒やしをくれるのです。

感覚がまだわからないという人は、イメージしなさい、と神様が言っていました。

ご神木の胎内にいることを意識して、前を見て、2本の若いご神木が微笑みかけている、優しい気持ちを送ってくれている、とイメージします。この時点でかなり心身の緊張が取れます。

それから2本の木の間（特殊な空間）から、空を見ます。向こうのほうにある、山々を感じます。木やその空間と一体化している自分、爽やかな空、微笑みかけてくれる神様を感じていると……ふわ～っととけていくような、リラックスした状態になります。

心身がリラックスした瞬間に、ご神木がタイミングよく癒やしのエッセンスをぶわ〜っと振りかけてくれます。ご神木の中にいるので、エッセンスは体をくるむような感じで一定の時間固定されます。すると、ものすごーーーく癒やされるのです。

木が与えてくれる究極の、最高の癒やしです。心も体も柔らかく丸くなります。

「うわ〜、なんて強烈な癒やしなのだろう〜」

ほわわ〜んとリラックスしていたら、目の前に神様がパッと現れました。正面に立っているのではなく、木の陰から顔だけを出してのぞいています（ご神木の入口は狭いので、視界の両側は木になっています）。

「癒やされたか?」

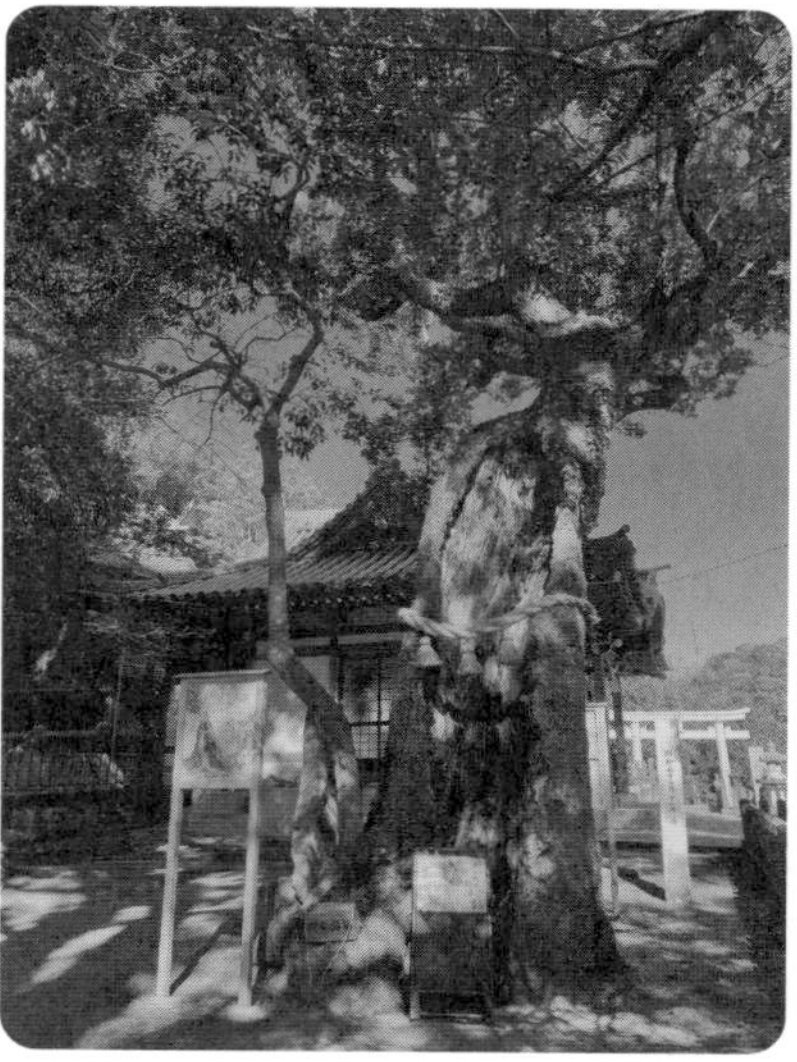

中に入れるご神木「魂依の木」

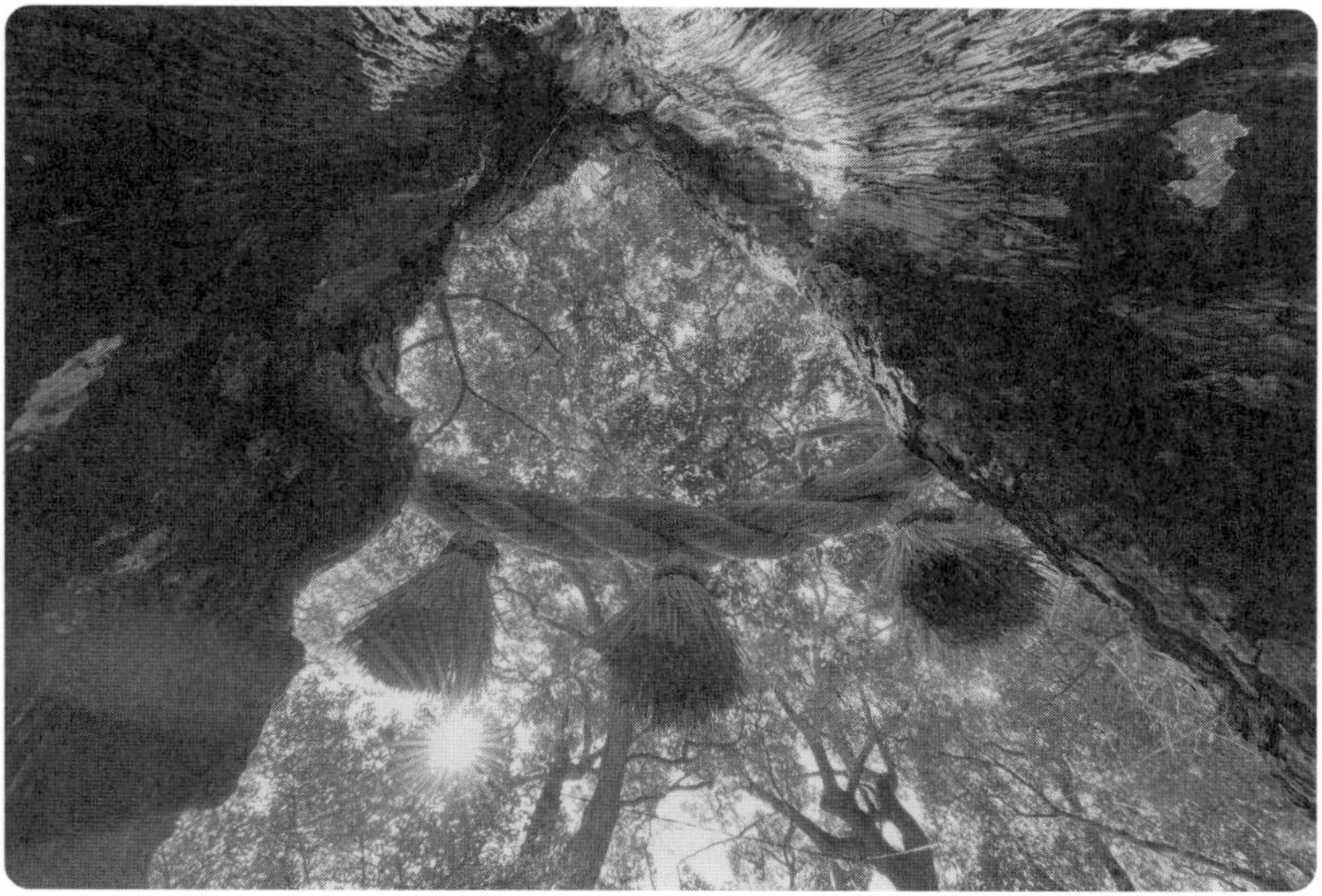

ご神木の中から上を見た光景

「はい！　究極の癒やしをいただきました！」

「うむ」

神様は嬉しそうです。わざわざ確認しに来てくれるのですね。たぶん、お守りを買うことでお金を払っているため、ちゃんとごりやくをもらったかどうか、気になるのだと思います。優しい神様です。


鬼の足形がついているという石もありましたが、こちらはパワーを感じませんでした。でも足を置いたりするのは楽しいです。

失恋したり、ペットを失ったり、悲

しみからなかなか脱出できない人や、心の傷が癒えない人は行くといいです。ご神木の癒やしパワーが心を整えてくれます。おじいさん神様も癒やしを意識していますから、そちらの願掛けをすると叶いやすいです。そこは徹底している神社なのです。

悲しく沈んだ心も、ガチガチに固くなっている体も、ほんわかとふわふわにほぐしてくれる、癒やし専門の神社です。

八幡竈門神社…大分県別府市大字内竈1900

おわりに

ずいぶん前のお話です。早朝5時に起床をし、6時に家を出て、取材に行ったことがあります。その日は1日中歩きまわって疲労困憊していました。取材先から自宅までが遠かったので、帰宅は遅い時間になりました。

ヨレヨレのヘトヘトになって、駅からバスに乗ったのは22時30分でした。バスには遅くまで仕事をしたと思われるサラリーマン風の人が多く乗っていました。どの人も疲れた顔をしており、しんどそうでした。

ドアが閉まってバスが動き始めると、運転手さんがアナウンスをしました。路線バスですから発車をする時は「どこどこ経由、何々行き、発車します」というアナウンスが普通です。中には無愛想な運転手さんもいて、何も言わないまま無言で発車するバスもあったりします。

しかし、この日の運転手さんは違っていました。

「皆様、今日も1日、お疲れ様でした。ご自宅までの短い時間ではございますが、バスの中でゆっくりおくつろぎ下さい」

とアナウンスしたのです。

え？　と何人かの人が顔を上げて反応しました。そして次の瞬間に「ほ〜！」と、なごむ気配が車内に漂ったのです。空港からのリムジンバスだったら、そのようなねぎらいの言葉をかける運転手さんもいますが、路線バスでは珍しいです。私は初めて聞きました。

精も根も尽き果てていた私でしたが、「今日も1日、お疲れ様でした」というそのひとことで疲れが吹っ飛びました。「あ〜、いいな〜、優しい声かけだな」と思うと、非常にほっこりした気分にもなりました。

このような声かけは、声をかけている本人が思っている以上に、人を癒やしています。

神社で結婚式を挙げたという読者さんから、声かけに関するメッセージをもらったこともあります。

その方は家庭の事情が複雑だったので親族の参列者はなく、2人だけの小さな小さな挙式でした。人生の晴れ舞台である結婚式ですが、寂しいという気持ちもあったそうです。

するとたまたま境内に居合わせた参拝者さんが、拍手をしながらニコニコと「おめでとう〜！」と声をかけてくれました。その場にいた他の参拝者さんたちも寄ってきてくれます。そして、口々に「おめでとう〜！」と言い、大きな拍手をしてくれたのです。周囲にいた参拝者さんが全員、笑顔でお祝いをしてくれました。

素敵な結婚式ですね。その場面を想像すると、読んでいる私までほんわかと心があたたかくなりました。最初に「おめでとう」と声かけをした人は、花嫁さんが「一生忘れない！」と感激するほど喜ぶとは思っていなかったのではないでしょうか。

このように優しい声かけは、自分の口から発する「言葉」で人を癒やすことができます。

神社仏閣で結婚式に遭遇したら「おめでとう」、人に何かをしてもらったら「ありがとう」、食事をしたお店の人には「ごちそうさま」、具合が悪そうな人を見たら「大丈夫？」など、シンプルな言葉ですが、そこに〝気持ちを乗せて〟声をかけることが大切です。

山道や長い石段を下っていて、下から私のようにヒーヒーゼーゼー言いつつ登ってくる人がいたら、「頂上まであと少しですよ、頑張って〜」と声をかけるのも一緒です。

実は、このような声かけは神様仏様のお手伝いになっていることがあります。神仏は人間に直接声をかけることができません。なので、「代わりに声をかけてやってくれないか?」と頼まれていることがあるのです。

神仏は、神仏の意思をキャッチできる人に働きかけます。"魂"に働きかけているので、本人の"脳"はわかっていません。ですから、なんだか急に声をかけてあげたくなった、という感情で反応します。

なぜか声をかけたくなったという時は、神仏の意向だと思って、素直に声かけをしてあげるといいです。これは小さな親切であり、立派な善行です。シャイな性格の人や、照れ屋さん、恥ずかしがり屋さんだったら勇気がいるかもしれませんが、相手を癒やす善行ですから、頑張ってみるのもいいと思います。

声かけをしても、残念ながら相手の心に響かない……ということも、もちろんあります。声かけを受け取るか受け取らないかは、相手の自由ですから、その反応に傷ついたり、落ち込んだりする必要はありません。

受け取ってもらえなかったとしても、善行には変わりはないので、霊格を上げる修行になりますし、神仏にも「ありがとう」と感謝をされます。

読者の皆様は、神仏を心から信仰している人が多いと思います。そのような人は「代わりに声をかけてやってほしい」と、頼まれることも少なくありません。もしも、チャンスがあれば、神仏の代理として声かけにチャレンジをしてみてはいかがでしょうか。

優しい声かけは相手を癒やすだけでなく、自分をも癒やします。この癒やしは神仏からのごほうびですので、魂が喜びます。

相手を思いやる声かけは、声をかけた相手も、自分も、代理を頼んだ神仏も、みんながハッピーになる魔法のようなものなのです。

桜井識子

本書に掲載の情報は著者独自の取材、個人的見解によるものです。

桜井識子（さくらい・しきこ）

神仏研究家、文筆家

1962年広島県生まれ。霊能者の祖母・審神者の祖父の影響で霊や神仏と深く関わって育つ。神社仏閣を2000ヶ所以上参拝して得た、神様・仏様世界の真理、神社仏閣参拝の恩恵などを広く伝えている。神仏を感知する方法、ご縁・ご加護のもらい方、人生を好転させるアドバイスなどを書籍やブログを通して発信中。『死んだらどうなるの？』『聖地・高野山で教えてもらった もっと！神仏のご縁をもらうコツ』（小社刊）、『ごほうび参拝』（ハート出版）、『ごりやく歳時記』（幻冬舎）、『神様仏様とつながるための基本の「き」』（PHP研究所）、『おみちびき』（宝島社）など著書多数。

桜井識子オフィシャルブログ　～さくら識日記～
https://ameblo.jp/holypurewhite/

100年《ねん》先《さき》も大切《たいせつ》にしたい 日本《にっぽん》の伝《つた》えばなし

神仏《しんぶつ》が教《おし》えてくれる、幸運《こううん》を引《ひ》き寄《よ》せる心《こころ》の持《も》ちよう

2023年6月19日　初版発行
2023年8月10日　4版発行

著者　桜井識子《さくらいしきこ》
発行者　山下直久
発行　株式会社KADOKAWA
〒102-8177　東京都千代田区富士見2-13-3
電話0570-002-301（ナビダイヤル）
印刷所　大日本印刷株式会社
製本所　大日本印刷株式会社

ISBN 978-4-04-606258-1　C0095